FIGLIA DELLA GUERRA

EWA REID-HAMMER

TRADUZIONE DI
M.T. LEVANTE

La sofferenza fa parte dell'esperienza umana. Questo libro è dedicato a tutte le persone che cercano di curare il proprio dolore e a tutte le persone che mi hanno dato sostegno, in particolare mia sorella Helen.

INTRODUZIONE

Al centro della mia esistenza, in un luogo che sono poco propensa a visitare, c'è un lago profondo e oscuro, fatto di sofferenza, disperazione, angoscia, dolore e perdita. Era lì fin dall'inizio e ho vissuto ai suoi margini fino ai miei vent'anni, quando ho letto un libro sulla terapia della realtà. Quel libro mi ha insegnato che non dovevo necessariamente vivere con il mio dolore, che potevo invece scegliere di essere felice. Ho preso una decisione razionale e consapevole e sono stata in grado di voltare le spalle a quel posto per molti anni. Credevo davvero di essermelo lasciato alle spalle per sempre e di averlo superato. Ci è voluto molto tempo perché mi rendessi conto che non me ne ero mai andata, che lo portavo sempre con me, che era una parte di me. Non ne avevo consapevolezza, ma continuava a influenzare ogni aspetto della mia vita: i miei pensieri, i miei sentimenti, le mie azioni e le mie relazioni con gli altri.

Da bambina dormivo con un coltello affilato sotto il cuscino. Sapevo di non avere la forza necessaria per eliminare eventuali aggressori, ma avrei sempre potuto togliermi la vita ed evitare torture e dolori insopportabili. Questo pensiero mi faceva sentire al sicuro, mi dava una sensazione di controllo sul mio destino.

Ho imparato molto presto che nulla durava a lungo e che non

aveva senso provare attaccamento verso se stessi. I miei genitori se ne sarebbero andati e la nostra casa e i nostri beni sarebbero stati abbandonati. All'età di due anni sapevo già che né i miei genitori né gli altri adulti avevano il potere di tenermi al sicuro o di proteggere se stessi o me dal dolore.

In passato non ho mai voluto condividere questi ricordi. Col tempo ho realizzato fino a che punto la mia vita è stata plasmata dalla guerra e dalle sue conseguenze. Anche se queste esperienze non sono state comprese sul momento e sono ricordate solo parzialmente, almeno consapevolmente, esse hanno avuto un impatto determinante sulla mia personalità, sulle mie relazioni e sulla mia vita. Credo che tale impatto vengo spesso frainteso e sottovalutato sia nel caso degli adulti, che, soprattutto, in quello dei bambini. Voglio esplorare gli effetti a lungo termine delle esperienze di guerra sulle vite che sono ne state bruciate. Voglio condividere il fatto che, nelle parole di Oliver Wendell Holmes: "Durante la nostra giovinezza le nostre vite sono state toccate dal fuoco". Anche se possiamo provarci, come ho fatto io stessa per anni, non possiamo mai lasciarci quel passato alle spalle o esorcizzarlo del tutto. È con noi per sempre. Tuttavia, forse possiamo tenerlo sotto controllo comprendendo e condividendo questa intuizione con le altre persone.

"Perché forse siamo come pietre; la nostra storia e la storia del mondo sono incastonate dentro di noi. Conserviamo un dolore profondo e non possiamo piangere finché quella storia non viene cantata." (Susan Griffin: "Un coro di pietre")

Raccontare una storia, soprattutto per iscritto, ha l'effetto di accendere i riflettori sul passato, illuminandone gli angoli bui e svelandone il significato nascosto. Ciò porta a sviluppare una prospettiva nuova e diversa, forse liberatoria, su eventi che finora sono stati un ricordo fossilizzato fatto di dolore informe.

Questa è la storia di una bambina colpita dalla paura e dal trauma, che è cresciuta fino a diventare una persona adulta altrettanto piena di paura e toccata dal trauma, e del suo viaggio dal Venerdì Santo, un luogo di morte e sofferenza, alla domenica di Pasqua, luogo di significati nuovi e vita nuova.

Come scrisse Matthew Fox: "Il Venerdì Santo regna solo per un breve periodo. Ma il periodo più durevole è quello della nuova vita e quello della vittoria sulla morte e sulla paura della morte che viene rappresentato dalla domenica di Pasqua. È quella speranza che sorge ogni giorno con ogni sole nuovo. Superando la paura della morte possiamo tornare a vivere pienamente e lasciare perdere i nostri progetti di immortalità, la costruzione di imperi e piramidi (come Wall Street) e andare avanti con... la vita. Che è condivisione. Allora non sarà la paura della morte a governare le nostre vite. Allora potremo vivere in pienezza, generosità e creatività."

Il trauma della violenza che ci circonda, e di cui siamo testimoni impotenti, crea una ferita misteriosa e nascosta. È difficile da capire e da accettare; è più facile negarlo. Le altre persone, perplesse dal tuo dolore, e nel tentativo di esserti di aiuto, diranno: "Volta pagina, non ti è successo nulla di così terribile", e persino tu, seguendo le esortazioni di persone amiche, per andare avanti negherai i suoi effetti. Ma, riconosciuta o meno, la piaga rimane infetta, nel profondo della psiche, e infligge danni e devastazione sul paesaggio interiore. Nel mondo esterno si esprime con la paralisi, l'incapacità di rischiare o di esprimere la creatività, la rigidità e il rifiuto di aprirsi alla vita. Il regno interiore diventa un deserto incolto. È la ferita del Re Pescatore e attende un cavaliere alla ricerca del Graal che conosca la domanda giusta, affinché possa guarire.

La ricerca è il viaggio psico-spirituale intrapreso con l'obiettivo di raggiungere un equilibrio tra il mondo interiore e quello esterno in cui viviamo. Il cavaliere è colui che accetta la sfida posta dalla missione, nonostante i suoi molti pericoli. Può essere rifiutata, ma una volta accettata non c'è modo di tornare indietro. Deve essere portata avanti fino in fondo. In caso di successo, il personaggio eroico torna a casa con un dono prezioso per la comunità.

Il trauma della violenza provoca una ferita esistenziale, ma qual è la natura di questa ferita e qual è la domanda che può guarirla?

Chi sopravvive a un trauma di dimensioni epiche ha la missione di non dimenticare mai, di mantenerlo vivo nella propria coscienza e in quella del mondo in modo che non possa ripetersi. Sentiamo di doverlo alle vittime che non sono sopravvissute e alle generazioni future.

È importante assicurarsi che tali eventi non vengano dimenticati. Tuttavia, quando ci identifichiamo con tali avvenimenti, iniziano a distorcere le fondamenta del nostro stesso essere, e alla fine siamo noi a diventare ciò che condanniamo, disprezziamo e deploriamo. Ma esiste un modo di ricordare e onorare il passato senza trasformarlo in un presente che distorce la storia e le vite umane.

La mia storia è il viaggio che parte da un trauma che mi ha lasciato una falsa identità. Un viaggio attraverso la rabbia, la depressione, il terrore e la negazione, fino a una comprensione trasformativa che mi ha permesso di trovare il significato della mia esperienza. La guerra non è l'unica causa di trauma. In effetti, il mio trauma più profondo non proveniva dalla guerra stessa, che ero troppo giovane per capire e sperimentare pienamente, ma piuttosto dalle sue conseguenze: dalle ferite subite dai miei genitori e da coloro che mi circondavano. Ferite che non guarivano e distorcevano la loro vita e la mia. A volte il trauma non si manifesta in modo drammatico all'esterno. È ciò che accade all'interno della vittima che conta.

Ho conosciuto e lavorato con molte persone che hanno provato una disperazione radicata in trauma passato e non correlata alla loro vita presente. Il trauma poteva essere avvenuto di recente o molti anni prima. Potreva essere stato un singolo evento inaspettato e orribile che aveva frantumato una persona come un'esplosione, o una sequenza di eventi dolorosi o spaventosi ancora in corso, come l'indottrinamento o il confinio, ad esempio, che nel tempo logorano l'identità di una persona e corrodono la sua anima.

Oppure poteva trattarsi di una sequenza di ferite più piccole inflitte con una regolarità che impediva la guarigione, perché alla lunga finivano per dissanguare anche se ognuna non era, di per sé, fatale.

Il trauma può essere una combinazione di eventi sia acuti che cronici e può accadere a un singolo individuo o a intere comunità. La persecuzione per motivi politici, religiosi, etnici o di altro tipo, come il tentativo di sterminio degli ebrei da parte di Hitler, o dei curdi da parte di Saddam Hussein, dei tutsi da parte degli hutu o degli armeni da parte dei turchi, per citare solo alcuni di una lunga lista di genocidi, traumatizza popoli interi. La guerra traumatizza intere nazioni.

Un singolo evento violento, come l'esplosione di una bomba, genera onde d'urto che uccidono o danneggiano tutte le persone che si trovano all'interno del suo perimetro, e hanno un effetto profondamente negativo e spesso duraturo su chiunque abbia una connessione con le vittime: famiglia, comunità, cerchia di amicizie e persino persone estranee. Il soldato che torna dall'Iraq con un disturbo post traumatico da stress, quando ha un esaurimento nervoso e spara a dieci persone in una piazza pubblica, non distrugge solo se stesso e la sua famiglia, ma anche le dieci persone sconosciute a cui ha sparato. Ha un effetto traumatizzante sull'intera comunità.

Meno drammatica ma ugualmente dolorosa è la distruzione che sperimenta un individuo, e le conseguenze su tutti coloro che lo amavano. Chi ritorna da una guerra incapace di connettere emotivamente con la propria famiglia e le proprie amicizie, incapace di adattarsi alla vita civile, di superare la rabbia e l'alienazione che formano il tessuto quotidiano della sua vita, non solo non è in grado di arrivare a un futuro più luminoso, ma non può fare a meno di contaminare chiunque tocchi con la propria rabbia e disperazione.

Gli effetti del trauma sono tanto vari quanto le persone che ne sono afflitte. Dipendono dalla sua intensità, dalle persone, e dalle circostanze in cui si verifica e che seguono. Gli effetti sono spesso fisici, anche se non sempre sono facilmente collegabili al trauma stesso. E sono sempre psicologici. Una persona che sta vivendo esperienze spaventose e incredibilmente dolorose deve erigere difese che le consentano di sopravvivere. Una volta rimossa la minaccia, queste difese salvavita, non più necessarie, sono difficili da abbandonare anche se non fanno altro che ostacolare l'avanzamento della vita. C'è anche il fatto che, da lì in poi, la vita viene vista inevitabilmente attraverso la lente del trauma. Le relazioni personali vengono distorte o distrutte, e c'è sempre un impatto negativo sulla carriera e sulla creatività. Le onde d'urto di una vita spezzata riverberano attraverso la famiglia e la comunità.

Le storie che seguono provengono da due libri, ma riflettono l'esperienza di migliaia e migliaia di vittime della guerra e della violenza. Dimostrano la possibilità di guarigione.

UNBROKEN, DI LAURA HILLENBRAND

Il bombardiere di Zamperini venne abbattuto nel Pacifico e il soldato sopravvisse per giorni in una zattera di salvataggio senza acqua e senza cibo, e nonostante gli attacchi degli squali e le sparatorie di una cannoniera giapponese. Alla fine venne catturato, subì percosse e torture, razioni da fame, e le condizioni di vita terribili di un campo di prigionia giapponese.

Dopo la fine della guerra, tornò negli Stati Uniti e si sposò, ma scese rapidamente in una disperata spirale di alcol e rabbia che stava minacciando il suo matrimonio e la sua vita. Miracolosamente, dopo essersi messo in contatto con Billy Graham, fu in grado di lasciar andare la sua rabbia e il suo desiderio di vendetta. Smise di bere e divenne un oratore che ha ispirato e sostenuto persone giovani e in difficoltà.

NON ODIERÒ, DEL DOTT. IZZELDIN ABUELAISH

L'autore ha avuto un'infanzia segnata dalla fame e dalle difficoltà all'interno di un villaggio di rifugiati immerso nella miseria di Gaza. La famiglia era stata costretta a lasciare la propria terra in Israele e il padre era malato. Lui, in quanto figlio maggiore, doveva prendersi cura della famiglia. Contro ogni probabilità, è diventato un medico. Il primo palestinese a lavorare in un ospedale israeliano e a creare legami stretti con i propri colleghi. Quando viveva in un campo profughi di Gaza, senza opportunità per la sua prole e con l'umiliazione quotidiana di dover entrare in Israele per lavoro, ha perso la moglie a causa della leucemia e, in seguito, tre figlie a causa di una sparatoria israeliana sulla propria abitazione. Quella sera le sue figlie sono morte semplicemente perché si erano addormentate contro "il muro sbagliato". Nonostante questi eventi tragici, Abuelaish Izzeldin rifiuta l'odio e continua a lavorare per la pace tra i due popoli.

Conosciamo bene la storia di Nelson Mandela, che, prima di vincere il Premio Nobel nel 1993 ed essersi insediato come il primo presidente democraticamente eletto del Sudafrica, ha spento più di trent'anni in prigione a causa della sua opposizione all'apartheid. Piuttosto che vivere nell'amarezza per la propria sofferenza, è stato in grado di guidare il suo paese verso la guarigione dalle sue ferite.

Il Dalai Lama ha perso il proprio paese e per anni è dovuto essere uno spettatore impotente della tortura e dello sterminio del suo popolo. Ha trascorso la vita in esilio. Eppure si rifiuta di predicare l'odio contro gli aggressori e continua a chiedere pace e comprensione.

Come hanno fanno, queste persone? Come hanno trasformato la propria rabbia e il proprio odio, il comprensibile desiderio di vendetta, in sentimenti e azioni che hanno avuto effetti curativi su loro stessi e sulle persone che avevano attorno? Come sono passati dall'alienazione alla connessione?

La trasformazione può avvenire in molti modi differenti, che includono epifanie spirituali e religiose, arte, musica e opere di bene. È il processo che porta ad allontanarsi dal passato della vittima impotente del trauma e a muoversi verso il futuro della persona che sopravvive e che è in grado non solo di avanzare e creare, ma, avendo attraversato l'inferno, è anche in grado di condurre altre persone fuori dall'abisso. C'è un modo diverso di gestire la sofferenza, un modo migliore. *I suoi segni possono diventare testimonianze di esperienza, coraggio e guarigione, invece che di sofferenza senza fine.*

Il mio viaggio è la storia della trasformazione della paura e della pena in comprensione e perdono. Le mie esperienze dolorose possono essere comprese come necessarie, per quanto difficili, nella preparazione per la missione della mia vita. Mi hanno aiutata a diventare chi sono, il mio vero io. Il processo è stato un ri-orientamento interiore dal mio "Io" e dal mio dolore verso le sofferenze altrui. Grazie ad esso sono stata in grado di trovare e seguire un percorso di servizio che ha dato significato alla mia esistenza e mi ha liberata dai demoni del mio passato. Nulla è perfetto e ho ancora molta strada da percorrere, ma sono sulla strada guista.

Ho scritto questo libro con l'obiettivo di dare speranza, coraggio e qualche indicazione a chiunque si trovi sul sentiero difficile della guarigione.

PARTE UNO
L'INCUBO

UNO
LA GUERRA

LE PERSONE HANNO alcune necessità essenziali per lo sviluppo di basi psicologiche solide e stabili. La perdita di elementi come l'amore, la pace, la sicurezza, o la propria casa è causa di trauma. Il trauma lascia segni visibili.

Nel mio caso, la perdita è stata totale.

Nell'autunno del 1939, la Germania invase la Polonia. Io sono nata tre anni dopo, nella Varsavia occupata dai nazisti. I miei genitori e il resto della mia famiglia all'epoca dimoravano in un grande palazzo che apparteneva ai miei nonni e si trovava nel cuore della capitale. Prima della guerra i miei nonni lo avevano usato come *pied-à-terre* dove alloggiavano quando avevano affari da sbrigare in città, o per gli eventi sociali della stagione invernale. Il resto del tempo risiedevano nella loro tenuta di quattromila acri che si trovava a circa sessanta miglia dalla città. Un viaggio piuttosto lungo, prima della guerra, ai tempi delle carrozze trainate dai cavalli. Nella tenuta si trovava la piantagione di barbabietole da zucchero di mio nonno e lo stabilimento di produzione dello zucchero, un piccolo maniero di ventotto stanze e un lago circondato da quattrocento acri di boschi e di parchi. Lì mia nonna vigilava sul personale, sulla famiglia e sui bambini. E fu lì che crebbe mio padre, insieme a un fratello minore e tre sorelle.

Al tempo della mia nascita, il mondo della loro infanzia era stato conquistato dall'invasore e la famiglia si era stabilita a Varsavia. Mio nonno aveva dovuto dire addio al potere e al controllo che aveva esercitato prima della guerra in quanto ricco proprietario terriero e industriale. Lo stile di vita libero e facile di cui avevano goduto lui e la famiglia si era estinto. La totalità loro esistenza ormai era circoscritta dal coprifuoco notturno e minacciata da rastrellamenti casuali, arresti ed esecuzioni. I tedeschi costrinsero mio nonno a continuare a gestire la produzione di zucchero del suo stabilimento e spedire tutto il prodotto via treno all'esercito nazista. Non sapevano che stava dando il suo contributo alla resistenza mettendo da parte per loro un sacco su quattro. Lo zucchero era un bene scarso e prezioso durante l'occupazione e poteva essere facilmente venduto sul mercato nero, per poi destinare il denaro all'acquisto di armi per l'esercito clandestino. La scoperta di questo atto "sovversivo" avrebbe significato morte immediata per mio nonno e per i suoi collaboratori.

A quel punto risiedevano tutti in pianta stabile nel condominio di Varsavia di proprietà della famiglia. Il grande appartamento al piano terra era occupato dai miei nonni e dai loro aiutanti. L'intera famiglia spesso consumava i pasti insieme nella loro sala da pranzo. Il coprifuoco notturno rendeva difficile e pericoloso avventurarsi fuori di casa, per cui le serate venivano trascorse tra conversazioni e giochi di carte. Il secondo piano consisteva in una serie di piccoli appartamenti da scapolo in cui avevano vissuto mio padre e i suoi fratelli. Al momento della mia nascita, i miei genitori vivevano ancora in uno di quei appartamenti, ormai angusto. Non c'era posto per me, per cui io e la mia tata fummo spedite al terzo piano, dove viveva la mia nonna materna. Sebbene non le piacessero i bambini piccoli perché non sopportava la seccatura e il rumore, poiché non c'era posto da nessun altra parte, la nonna accettò di farci trasferire.

Non ho ricordi del mio primo anno di vita, ma dalle storie che mi sono state raccontate in seguito ho imparato che, nonostante le circostanze insolite, la mia vita era andata avanti nel modo più normale e prevedibile possibile. La tata mi portava da mia madre per l'allattamento ogni tre ore. Dormivo, mi svegliavo e venivo cambiata secondo un programma rigorosamente regolare, come si faceva a quei tempi. Amavo la mia tata, che si prendeva cura di me giorno e notte. Pensavo che fosse lei la mia "mamma".

Avevo circa venti mesi quando accadde qualcosa che avrebbe lasciato un'impronta nel mio corpo e nel mio sistema nervoso, anche se i dettagli sono confusi nella mia mente.

Era l'estate del 1944 e fino ad allora la mia vita era stata fatta di routine e tranquillità. I miei genitori devono aver fatto grandi sforzi per garantirmi quella parvenza di normalità nella mia esistenza quotidiana, mentre tutto il mondo intorno a loro girava follemente fuori controllo sull'orlo di un precipizio.

Ogni giorno dovevano fare i conti con le notizie degli imprigionamenti, delle torture e delle morti di parenti e amici. Le persone di cui sentivano parlare alla radio o leggevano sui giornali non erano estranei. Erano persone che conoscevano e a cui tenevano, persone che amavano; persone con cui erano cresciuti o con cui avevano lavorato in circostanze difficili e pericolose. Spesso si trattava di compagni del movimento di resistenza.

Mio padre era un ufficiale di quell'esercito clandestino. Il suo compito era quello di capitanare un'unità di uomini, addestrarli, procurarsi gli armamenti, immagazzinarli in nascondigli segreti ed essere pronto per la battaglia contro l'invasore. Tra gli ordini da eseguire c'erano azioni sovversive e tentativi di liberarazione dei prigionieri politici. Di solito, squadre di due o tre uomini attaccavano le guardie durante un trasferimento da una prigione all'altra, o al quartier generale della Gestapo, dove avvenivano gli interrogatori. Per distruggere gli obiettivi nemici venivano usate bombe e altri esplosivi. Quando un agente della Gestapo o delle SS si distingueva particolarmente per la sua crudeltà, diventava l'oggetto di un'esecuzione decretata dal quartier generale della Resistenza. Anche traditori e collaboratori erano sulla lista nera, così come le imprese che si occupavano di sostenere il nemico. Quando riceveva un ordine, mio padre aveva il dovere di provvedere alla sua effettiva esecuzione.

Per coordinare le attività sovversive e mantenere la comunicazione tra le varie unità e il Quartier Generale centrale era essenziale disporre di una rete di collegamenti affidabile. Poiché la maggior parte degli uomini era impegnato nell'esercito della resistenza, questo compito spettava alle donne, che attiravano meno attenzione nelle loro peregrinazioni per la città. Spesso si trattava di ragazze scout,[1] il cui impegno al servizio di Dio e della Patria le collocava a tutti gli effetti nei ranghi partigiani. Era un lavoro estremamente pericoloso. Quando venivano catturate, le loro morti non erano né rapide né facili. Poiché il loro lavoro richiedeva la conoscenza della posizione e per lo meno degli pseudonimi dello stato maggiore e dei comandanti delle unità a cui stavano consegnando gli ordini, dovevano affrontare torture implacabili nelle camere di interrogatorio della Gestapo. La paura più grande, davanti a una morte agonizzante, era quella di tradire i propri compagni. Portavano con sé pillole di cianuro da usare quando non ne potevano più, ma a volte le pillole venivano scoperte e portate via; a volte aspettavano troppo a usarle e diventava troppo tardi. È incredibile quante poche di queste donne eroiche abbiano rotto

---

1. In Polonia, come nella maggior parte dei paesi europei, lo scoutismo non era solo per bambini, ma piuttosto un impegno per la vita nei confronti di determinati valori e di un determinato stile di vita. Gli scout si impegnavano a mettere la propria esistenza al servizio di Dio e del Paese. In tempi di crisi, scout di tutte le età partecipavano attivamente al servizio militare, compresi giovani adolescenti e bambini. Nel 1919, quando gli ucraini attaccarono la città di Leopoli, scout di 11 e 12 anni combatterono e morirono in sua difesa. Sono ricordati nella storia polacca come gli Aquilotti di Leopoli. All'ingresso della Città Vecchia di Varsavia c'è un monumento che raffigura un ragazzino di 12 anni con un caschetto e una mitragliatrice. Morì lì difendendo la sua città.

e tradito la fiducia dei loro compagni. Mia madre era una capogruppo delle ragazze scout assegnate al servizio di collegamento.

Varsavia era sotto occupazione militare. I cittadini non avevano alcun diritto. Bastava apparire sospetti a un tedesco qualsiasi e si veniva immediatamente fermati, perquisiti e spesso trasportati per un interrogatorio più approfondito. A causa del pericolo di essere sorprese con dei documenti incriminanti, le operatrici di collegamento dovevano trovare modi creativi e ingegnosi per tenerli nascosti. Mia madre decise che, sebbene i nazisti fossero molto efficienti nelle loro ricerche, perfino loro avrebbero mostrato poco entusiasmo all'idea di esaminare i pannolini sporchi di una bambina. Un sottile sacchetto impermeabile venne inserito tra due pannolini e appuntato su di me. Mia madre mi portò a fare una passeggiata per andare a trovare degli amici. Il mio pannolino venne cambiato a tempo debito e il viaggio di ritorno a casa fu molto più sicuro e rilassato. Quando rimase incinta di mia sorella, specialmente verso la fine della gravidanza e per alcuni mesi a seguire, mio padre era riluttante a lasciarle svolgere i compiti più pericolosi; disse che li avrebbe svolti lui. Mia madre non era d'accordo. Era convinta che una donna con una bambina avesse meno probabilità di essere fermata dai tedeschi. Tuttavia, mio padre fu irremovibile, e quando non era impegnato con altre responsabilità, era lui che mi metteva nella mia carrozzina con il piccolo pacchetto avvolto saldamente intorno al mio didietro.

Da bambina non sapevo nulla di tutto ciò. Mi piacevano le passeggiate al parco con la mia amata tata, Danda. Il suo vero nome era Wanda, ma stavo appena iniziando a parlare e non riuscivo a pronunciarlo, per cui divenne Danda. Le passeggiate con Danda erano divertenti. Andavamo al parco, dove lei si sedeva su una panchina e parlava con le altre tate, e io stavo seduta nella mia carrozzina e guardavo i bambini più grandi correre e giocare. A volte facevo un pisolino. Danda non aveva mai fretta. Le passeggiate con la mamma o papà non erano affatto così. Non andavamo mai al parco. Sembrava che stassimo sempre andando di corsa in qualche strano posto che non conoscevo. Mi cambiavano il pannolino e tornavamo rapidamente a casa. Sembravano sempre di fretta.

Un giorno, mio padre mi portò a fare una di quelle passeggiate. Ero seduta nella carrozzina e mi stavo sporgendo per vedere il panorama. Ci fermammo all'angolo di una strada e, a poca distanza da noi, vidi un omone in divisa che colpiva un signore anziano con un bastone. L'anziano giaceva a terra. Non sapevo cosa stesse succedendo e non conoscevo ancora molte parole, ma la parola per *l'uomo cattivo in uniforme* la conoscevo.

Tutta concitata, mi sporsi il più possibile verso di lui e puntando il dito gridai a squarciagola: *Shvab! Shvab!* (Era un appellativo sprezzante usato dai polacchi per il nemico.)

Mio padre mi spinse violentemente dentro la carrozzina. Mentre aprivo la bocca per gridare in protesta, lui sibilò: "Stai zitta e non muoverti." C'era qualcosa di spaventoso nella sua voce e nel suo comportamento. L'urlo mi morì in gola. Rimasi tranquilla e immobile fino a casa. Non riuscivo a muovere le braccia o le gambe. Non riuscivo a emettere alcun suono. Ero troppo spaventata per piangere.

Fu la prima occasione in cui la violenza e la paura entrarono nella mia giovane vita. Negli anni successivi avrei continuato a sperimentare quella scossa di paura ancora e ancora. Avrebbe perforato il mio corpo come una scarica elettrica, o come un fulmine. Come quella volta di tanto tempo fa, mi avrebbe lasciata paralizzata dal terrore. Col senno di poi, quella fu la mia prima esperienza personale di una guerra che presto sarebbe stata al centro della mia vita, e fino a oggi rimane il suo evento più determinante.

DUE

STIVALI

DOPO LA NASCITA di mia sorella Helen, nell'aprile del 1944, ci trasferimmo con i miei genitori al secondo piano, in un appartamento più grande. Si trovava sempre nel grande condominio di proprietà del nonno, ma aveva due camere da letto. L'edificio si trovava nel centro di Varsavia, su un delizioso viale alberato. Una notte, circa tre mesi più tardi, accadde una cosa terrificante, che avrebbe lasciato un segno indelebile sulla mia giovane mente.

Mi svegliai di soprassalto. Era molto buio, ma la notte non era silenziosa come al solito. C'era qualcosa che non andava.

I gradini di marmo che conducevano al nostro piano erano calpestati da stivali pesanti. La quiete della notte fu infranta dal fracasso di qualcuno che bussava alla porta d'ingresso. Iniziai a piangere, ma le mie grida furono annegate dal rumore. Sembrava che qualcuno stesse cercando di sfondare la porta.

Vidi la luce accendersi nella stanza accanto e sentii mio padre che si muoveva e la mia sorellina che piangeva. Poco dopo, mio padre uscì in vestaglia e aprì la porta d'ingresso.

Sentii delle voci strane e forti. Presto due uomini enormi con stivali altrettanto grandi accesero la luce principale della mia camera da letto. Mi guardarono, superarono il letto e iniziarono a mettere sottosopra la mia stanza come due ragazzacci, gettando le mie cose sul pavimento. Nascosi la testa sotto la coperta. Non sapevo chi fossero o cosa stessero facendo, ma avevo molta paura. Dopo un po', spensero la luce e uscirono dalla stanza. Sbirciai da sotto la coperta. Il pavimento era coperto di vestiti e giocattoli. *A Danda non piacerà tutto questo casino*, pensai.

Sentii altri discorsi nel corridoio. La mia stanza era buia, il corridoio era parzialmente visibile. Gli uomini con gli stivali stavano lì e parlavano in una strana lingua che non capivo. Dalla stanza dei miei genitori, sentii la voce della mamma che diceva piano: "Che Dio ti protegga". Non sapevo che cosa significasse. Sembrava molto turbata. Helen stava piangendo di nuovo e la mamma la zittì.

Mio padre uscì dalla camera da letto tutto vestito. Seguì gli uomini con gli stivali al piano di sotto e poi in strada. In qualche modo, sapevo che non voleva andare con loro, che voleva rimanere a casa con noi.

Rimasi immobile senza emettere alcun suono finché non fui sicura che se ne fossero andati. Poi aspettai ancora per assicurarmi che non stessero tornando. Ero paralizzata dalla paura.

Improvvisamente, sentii un suono che non avevo mai sentito prima. Veniva dalla stanza accanto. Mi ci volle un po' per capire che mia madre stava piangendo. Non avevo mai sentito il pianto di una persona adulta prima d'allora. Pensavo che solo i bambini piangessero e che i genitori li facessero stare meglio. Questa cosa mi spaventò ancora di più degli uomini con gli stivali che avevano portato via papà. Era tutto troppo terribile. Chiusi gli occhi e mi coprii di nuovo la testa con la coperta. Ma non riuscii a tenere fuori il suono dei suoi singhiozzi. Dopo molto tempo mi addormentai e nei miei sogni sentii stivali sulle scale e mia madre che piangeva.

Papà tornò il pomeriggio successivo. Sembrava che andasse tutto bene. Non era consuetudine spiegare le cose ai bambini.

Non so per certo quanto fossi in grado di capire allora, ma il terrore di quella notte rimase racchiuso nel mio corpo. Per molti, molti anni ho avuto incubi in cui uomini cattivi con gli stivali venivano a prendermi nella notte.

Solo diversi anni dopo i miei genitori mi hanno raccontato cosa era successo davvero quella notte. La Gestapo stava cercando un certo membro della resistenza e aveva erroneamente arrestato mio padre. Dopo averlo interrogato, si erano resi conto che non era l'uomo che volevano e lo avevano rilasciato. Era stato un vero e proprio miracolo, perché di regola una volta che qualcuno cadeva nelle mani della Gestapo non ne usciva così facilmente, se ne usciva affatto. Mia madre, sapendo bene delle attività clandestine di papà, aveva creduto naturalmente che stessero cercando proprio lui e che non lo avrebbe visto mai più, non in vita.

Quella notte perse il suo latte materno e non fu più in grado di allattare la bambina. Accadde nel momento peggiore possibile, perché un paio di settimane dopo sarebbe iniziata la rivolta di Varsavia. Sarebbe durata due mesi e ci avrebbe lasciati senza casa. Verso la fine, il cibo scarseggiava in generale e quello adatto a un bambina di cinque mesi, in particolare il latte, era quasi impossibile da trovare. In seguito, a causa dell'alimentazione inadeguata di quel momento, Helen avrebbe sviluppato un rachitismo.

TRE
SPARATORIA CON LA TIGRE

MENTRE I TEDESCHI subivano la pressione degli Alleati sul fronte occidentale, le truppe sovietiche marciavano a tutto vapore attraverso la Polonia orientale e verso Varsavia. Nelle ultime settimane di agosto divenne molto chiaro che sarebbero stati loro, e non le forze occidentali, a "liberare" la capitale, e ciò rappresentava un grave problema per i polacchi. Per quanto volessero disperatamente liberarsi dal giogo nazista, la maggior parte di loro temeva in egual misura un'occupazione sovietica. I leader della Resistenza, di comune accordo con il governo in esilio a Londra, decisero che Varsavia avrebbe dovuto compiere un tentativo significativo di liberazione autonoma. In questo modo, ragionavano, i sovietici non avrebbero potuto usare il pretesto della liberazione per conquistare la capitale e il Paese.

Credevano che gli Alleati, che avevano già riconquistato la Francia, avrebbero aiutato Varsavia bombardando le truppe tedesche e distribuendo munizioni e rifornimenti per i partigiani. Al ritmo con cui stavano avanzando, ci si aspettava che le truppe sovietiche avrebbero raggiunto Varsavia entro pochi giorni e avrebbero prestato aiuto nella cacciata dei tedeschi. A patto che fossero i polacchi a iniziare la lotta e a essere determinanti nella liberazione della propria capitale, si pensava che la loro indipendenza sarebbe stata assicurata. E così, il 1° settembre 1944, iniziò l'insurrezione di Varsavia.

Con il progredire dei combattimenti, le forze tedesche iniziarono a prendere il sopravvento nella lotta sanguinosa. Strada dopo strada e casa dopo casa, spesso con combattimenti corpo a corpo. Erano meglio organizzate, meglio armate e molto più numerose, e potevano contare su artiglieria, carri armati e forza aerea. Molti dei combattenti della resistenza erano civili, a volte donne e bambini. Non avevano addestramento e spesso erano disarmati, almeno nel senso convenzionale del termine. L'esercito della resistenza, che aveva più addestramento ma partiva già con armi e rifornimenti minimi, stava subendo perdite pesanti sia in termini di personale, che in termini di cibo e munizioni. Sebbene gli inglesi stessero tentando di lanciare rifornimenti nella città in difficoltà, la Luftwaffe impedì loro di avvicinarsi abbastanza da avere successo. Alcuni dei pacchi caddero in mano ai tedeschi, altri scoppiarono all'impatto e rimasero inutilizzabili. Furono molto poche le risorse che arrivarono intatte. La situazione del cibo e dell'acqua stava diventando critica per tutti gli abitanti di Varsavia. La carenza di munizioni e armi era già critica per i combattenti.

Quando le truppe sovietiche arrivarono attraverso la Vistola, il loro aiuto era disperatamente necessario. L'enorme esercito, chiaramente visibile dall'altra parte del fiume, infuse speranza nei cuori dei partigiani che combattevano per la libertà. I tedeschi volevano schiacciare Varsavia prima di essere respinti dai russi, ma i loro tentativi sembravano essere stati contrastati. Erano arrivati gli alleati! I sovietici marciarono verso il fiume che li separava dalla città assediata, si fermarono e si accamparono. Dopo pochi giorni, divenne chiaro a entrambe le parti che non avrebbero attraversato il fiume per aiutare l'insurrezione polacca. La speranza luminosa si trasformò in disperazione. Era finita. Lo sapevano tutti.

Con quella tregua i tedeschi avevano tutto il tempo di cui avevano bisogno per portare a termine ciò che avevano pianificato fin dall'inizio: la distruzione totale e definitiva di Varsavia. In aggiunta alle bombe che lanciavano per via aerea, fecero ricorso ai carri armati. Sistematicamente, isolato dopo isolato, rasero al suolo gli edifici. Quei particolari carri armati erano chiamati "Tigri" e facevano un rumore distintivo e facilmente riconoscibile dai cittadini terrorizzati che ascoltavano e assistevano impotenti mentre i loro quartieri venivano trasformati in cumuli di macerie.

In casa era tutto molto teso. Papà non c'era mai. Sembravano tutti stravolti e impegnatissimi. Nessuno aveva tempo per giocare. Non uscivamo più a fare passeggiate. Danda passava il tempo a fare valigie. Di tanto in tanto si sentiva un botto forte. Scoppi provenienti dall'esterno e seguiti da altri fragori. Non avevo mai sentito suoni come quelli prima di allora. Danda si agitava e urlava: "La tigre sta sparando, la tigre sta sparando". Era davvero emozionante.

A volte sentivamo un forte boato penetrante e Danda mi afferrava e correva di sotto verso la cantina. Il resto della famiglia ci raggiungeva poco dopo. C'erano delle sedie per gli adulti. Ricordo un tavolo grande. Mentre eravamo in cantina si sentivano fischi intensi, seguiti da un gran fracasso. Volevo sapere cosa stava succedendo fuori, ma Danda si rifiutava di portarmi a fare una passeggiata. A volte dovevamo aspettare a lungo perché il rumore si fermasse, prima di poter tornare di sopra nelle nostre stanze.

Un giorno, con il solito suono che segnalava a Danda che era il momento di portarmi al piano di sotto, il rumore fu più forte che mai. Fece tremare l'intera casa e avevo l'impressione che potesse crollare. Danda mi teneva molto stretta. Mi resi conto che anche lei stava tremando. La cosa mi mise molto a disagio. Mi sentivo soffocare, non riuscivo a respirare. Dovevo scappare.

Mi divincolai dalle sue braccia e, prima che potesse afferrarmi di nuovo, strisciai sotto il tavolo. Danda mi seguì tuffandosi in avanti, ma io la elusi spingendomi nell'angolo più lontano. Sentii mia madre che le diceva di lasciarmi in pace. Quel successo mi diede un senso di vittoria e libertà.

Gli scoppi all'esterno ripresero più vicini che mai e io iniziai a gridare allegramente: "La Tigre sta sparando! La Tigre sta sparando!" Non ero in grado di distinguere il suono delle bombe che cadevano da quello dei proiettili sparati dai carri armati, e non avevo idea di cosa significassero, ma avevo captato correttamente che qualcosa stava sparando. E poiché a quel punto pensavo di sapere tutto quello che c'era da sapere, mi sentii molto orgogliosa di me stessa.

Non percepivo alcuna minaccia o sensazione di paura. L'unica cosa che mi aveva messo ansia era il terrore tangibile della mia tata. Una volta lontana dai suoi tremori, mi sentii bene. Quel raduno della famiglia nella cantina rappresentava un cambiamento nella mia routine quotidiana, e la cosa era piuttosto emozionante e divertente. Agli adulti sembrava non piacere, ma per me era una grande avventura.

QUATTRO
IL FALÒ

ALL'ORIZZONTE, tuttavia, c'era un'avventura ancora più grande. Mio padre tornò a casa molto stanco e di cattivo umore. Ma sembrava diverso. Gli chiesi di giocare e lui mi rispose "più tardi" in modo molto brusco. Trascorse molto tempo con la mamma, dietro le porte chiuse della loro stanza. Quando riemersero, gli occhi della mamma erano rossi e gonfi.

Quella sera, mentre sedevo sulle sue ginocchia, mi raccontò storie sui falò. Non avevo mai visto un fuoco così grande, ma papà era molto bravo a raccontare storie e a fare prendere vita a qualsiasi cosa. Lo faceva sembrare qualcosa di luminoso, caldo e irresistibile. Alla fine, desiderai ardentemente vedere un falò. Papà promise di pensarci.

Seguì una mattina luminosa e soleggiata. A colazione, papà mi ricordò del falò e mi chiese se volevo ancora vederne uno. Cominciai a saltellare per l'emozione. Mi disse che aveva avuto un'idea. Avrebbe potuto accendere un fuoco in cantina, ma per mantenerlo avevamo bisogno di qualcosa da bruciare. La cosa migliore sarebbe stata la gomma, e l'unica cosa di gomma che avevamo e potevamo bruciare era il mio ciuccio. Se avessi accettato, avrei potuto gettarlo nel fuoco io stessa, perché ormai ero grande. Solo le persone grandi potevano gettare le cose nel fuoco. Mi disse che poiché ero così grande, non avevo più bisogno di un ciuccio.

Era una cosa troppo emozionante! La notte non riuscivo a stare senza il mio ciuccio e ne avevo bisogno per dormire, ma in un giorno di sole non ne sentivo affatto il bisogno. Mi mossi velocemente e corsi nella stanza a prenderlo. Nel tirarlo fuori dal letto, tenendolo in mano, ebbi un momento di esitazione, ma il fuoco era diventato un'immagine magica nella mia mente. Ne ero rimasta incantata e non potevo rinunciarvi. Consegnai il ciuccio a papà.

A quel punto fu lui a esitare. "Non sono sicuro che sia una buona idea", disse. "Una volta bruciato, sparirà per sempre. Non possiamo prenderne un altro, lo sai? Forse non sei abbastanza grande." Mi restituì il ciuccio.

Ma la sua esitazione rafforzò la mia determinazione. Temevo che avrebbe cambiato idea e che non avrei più avuto il mio falò. Certo che ero abbastanza grande per gettare le cose nel fuoco. Non ero più una bambina e non avevo bisogno di un ciuccio. Glielo restituii con forza. "Voglio il fuoco!" insistetti.

Invece di portarmi in braccio come Danda, mi prese per mano, e insieme scendemmo solennemente la rampa di scale verso la cantina, come due compagni in missione. In tutta la mia vita non mi ero mai sentita tanto orgogliosa ed emozionata.

Una volta in cantina, papà mise insieme dei ramoscelli di legno e della carta. Non avevo mai visto del legno lì, ma non avevo tempo di badare ai dettagli. Papà tirò fuori un fiammifero. Poi mi guardò con aria molto seria. "Voglio che tu comprenda questa cosa molto chiaramente", disse. "Se decidi di andare avanti, il ciuccio sarà sparito per sempre. Dovrai andare a dormire senza, come una ragazzina come si deve".

Mi sembrò una sfida. Annuii con la testa.

"E un'altra cosa", continuò mio padre. "Devi promettere di non piangere, se ti manca il ciuccio. Anche alle persone grandi possono mancare delle cose, ma non piangono. Devi promettere di essere coraggiosa e di non piangere, e le promesse non si possono infrangere. Sei abbastanza grande da mantenere la promessa?"

Annuii di nuovo.

"Allora di': prometto che più tardi non piangerò." Mio padre aspettò.

"Non piangerò", ripetei solennemente.

Papà accese il fiammifero e lo avvicinò al foglio. Le fiamme si sollevarono e il piccolo fuoco proiettò ombre danzanti sulle pareti della cantina buia. Era magico, proprio come l'avevo immaginato. Anche di più. Continuammo ad aggiungere piccoli ramoscelli, finché il fuoco non fu molto caldo. «Ora!» disse, "Getta il ciuccio."

Ero fuori di me per l'emozione. Lo lanciai mancando il fuoco di qualche centimetro. Mio padre lo spinse tra le fiamme. Battemmo le mani e lo guardammo bruciare. "Ora sei davvero la mia giovane donna." Papà mi strinse in un abbraccio.

Ma l'odore della gomma non era affatto piacevole. Il fuoco divenne fumoso e si estinse lentamente. Tornammo di sopra, mano nella mano: papà e la sua giovane donna molto orgogliosa si sé.

Quella notte la passai in preda al panico. Mi resi conto che il ciuccio non c'era più. Iniziai a piangere. Mio padre entrò nella mia stanza con aria molto severa. "Avevi promesso di non piangere. Le promesse devono essere mantenute. Sei la mia giovane donna ora. Non voglio più sentire parlare del ciuccio. E NIENTE PIÙ LACRIME." Mi abbracciò e uscì dalla stanza. Da allora in poi piansi piano, dentro, in modo che nessuno potesse sentire.

Quando diventai più grande, interrogai i miei genitori sul significato di quello strano episodio. Mi spiegarono che a quel punto l'Insurrezione era perduta. La gente doveva essere pronta a fuggire e nascondersi dalla brutalità dei soldati tedeschi, che spesso uccidevano tutti indiscriminatamente, donne e bambini compresi. In quelle situazioni, per evitare di essere scoperti, era essenziale essere silenziosi. I miei genitori temevano che il mio ciuccio potesse perdersi nel caos della fuga e che le mie grida potessero tradirci al nemico. Papà ebbe l'idea del falò per far fronte a quella contingenza prima che si presentasse. Era stato molto difficile per una bambina non ancora di due anni, ma, d'altra parte, la guerra lo è sempre. La strategia funzionò e nei giorni successivi, che culminarono nell'evacuazione dalla nostra città e della nostra casa, il mio ciuccio fu una preoccupazione in meno.

Per me fu un'altra lezione sul controllo serrato di emozioni e sentimenti. Imparai che l'espressione dei miei sentimenti era qualcosa di inaccettabile, intollerabile e non sicura. Imparai che "le ragazze come si deve non piangono". Non importava come mi sentissi davvero. Non dovevo versare una lacrima. E così ho imparato a piangere dentro.

La soppressione delle emozioni e dei sentimenti richiede molta energia e può condurre alla repressione, per cui si smette di provare completamente l'emozione. Un fattore che svolge un ruolo integrale nelle malattie mentali. Può anche portare a una distorsione della personalità. In una bambina piccola, la cui personalità non è ancora formata, la soppressione provoca danni più gravi che in un adulto.

CINQUE
IN TRENO VERSO IL NULLA

La rivolta di Varsavia era finita e noi avevamo perso. Per sessantatré giorni il popolo polacco aveva intrapreso una lotta eroica per riprendersi la sua città dai tedeschi, ma alla fine era rimasto senza cibo e munizioni. Un gran numero di corpi non sepolti iniziò a decomporsi e la contaminazione dell'acqua potabile stava diventando un problema. Non c'erano farmaci per curare i malati e i feriti, il cui numero aumentava ogni giorno.

Cittadini armati del possibile avevano combattuto fianco a fianco con un esercito della resistenza privo di risorse contro una forza specializzata e ben equipaggiata. Uomini, donne e bambini avevano presidiato barricate erette frettolosamente mentre le strade si trasformavano in campi di battaglia. L'intera città era diventata un patchwork di aree controllate da una fazione e direttamente adiacenti a quelle controllate dall'altra.

Tra questi settori si trovava la maggior parte delle strade ferocemente contese, che dovevano essere attraversate dai corrieri polacchi o da chiunque avesse bisogno di arrivare dall'altra parte. A volte qualcuno perdeva un settore e tutti i combattenti dovevano immediatamente passare a un altro settore amico per sfuggire alla cattura.

Fu in una di queste battaglie di strada che venne ferito il

fratello diciassettenne di mio padre. I tedeschi occupavano gli edifici da un lato della strada; i polacchi quelli dall'altro lato. C'era una raffica costante di fuoco sia da una parte che dall'altra. Mio zio doveva attraversare la strada per portare dei messaggi a un'unità polacca che si trovava in un altro settore. Si ritrovò in mezzo al fuoco incrociato e finì per terra, in strada, ferito a entrambe le gambe. Fortunatamente fu in grado di strisciare fuori dalla linea diretta del fuoco nemico, ma non aveva forze a sufficienza per mettersi in salvo da solo e i tedeschi continuarono a sparare, rendendo impossibile il salvataggio.

Mio padre venne informato con un messaggio e radunò tre amici che accettarono di aiutarlo in quella che non sembrava altro che una missione suicida. Dovevano aspettare che facesse buio, quando speravano che la sparatoria si sarebbe placata, ma i tedeschi avevano immaginato un tentativo di salvataggio e continuarono a sparare. Mio padre sapeva che suo fratello non poteva resistere ancora a lungo e che quella sarebbe stata la loro unica possibilità. Era un'operazione complicata, che richiedeva nervi saldi e molto coraggio. Mio zio, che sanguinava da diverse ore, era a malapena cosciente. Dovevano caricarlo su una barella e riportarlo indietro sotto il fuoco costante dei tedeschi. La riuscita della missione fu un miracolo, ancora di più perché mio zio sopravvisse.

Allora non sapevo nulla di tutto questo. Quello che percepivo era la tensione che pervadeva tutti gli adulti intorno a me. I viaggi in cantina divennero più frequenti e meno divertenti man mano che aumentavano l'ansia e la paura generale. Sapevo che stava per accadere qualcosa di brutto e spaventoso.

Era l'inizio dell'ottobre del 1944 e Varsavia si era arresa. Oltre 200.000 cittadini cominciarono ad essere evacuati dalla città verso campi di concentramento o di lavoro forzato. Non ricordo come sia iniziato, e non è rimasto nessuno che fosse con noi durante quell'ultimo giorno in cui fummo costretti ad abbandonare la nostra casa prima che venisse rasa al suolo assieme alla nostra città.

I miei ricordi più chiari iniziano con mio padre che mi portava in braccio durante il lungo viaggio attraverso le strade piene di macerie. Mia madre teneva la piccola Helen, che aveva cinque mesi, e anche Danda era con noi. Seguivamo un lungo flusso di persone che trasportavano bambini e tutto ciò che potevano dei loro averi. La strada era piena di immagini insolite: mobili e roba rotta che giaceva all'aperto, case bruciate, senza tetti e senza muri, mucchi di persone che giacevano immobili sul lato della strada e persone sedute o sdraiate sui marciapiedi che gemevano o chiedevano aiuto. Chiesi a papà perché stessero piangendo e lui rispose che erano feriti.

Ebbi timore e non feci altre domande. Ormai sapevo benissimo che esprimere i propri sentimenti era pericoloso, per cui rimasi in silenzio nonostante la paura. Non guardavo più ai miei genitori in cerca di rassicurazione e conforto. Stavo facendo pratica nella soppressione delle emozioni.

Camminammo per quello che ci sembrò un tempo lunghissimo, poi la fila cominciò a stringersi e infine si fermò. Mio padre mi lasciò con Danda e la mamma. Tornò poco dopo e, dopo aver parlato con loro, mi prese e tornò indietro nella fila, lasciando la mamma con Helen molto più avanti. Danda mi diede un bacio e si allontanò da noi in lacrime. Cominciai a piangere. "Fai silenzio", mi disse papà con fermezza. "Voglio Danda", continuai a lamentarmi. "Se continui a piangere, ti porteranno via", disse, e in qualche modo sapevo che diceva sul serio. Sapevo anche che "loro" erano i cattivi che sparavano e ferivano le persone. A quel punto avevo davvero paura e rimasi in silenzio.

La fila avanzò lentamente verso un gruppo di soldati tedeschi. Alle loro spalle c'era un treno. I soldati fecero alcune domande a papà, poi ce lo indicarono. Non fu facile farsi strada perché la macchina era abbastanza piena. Altre persone spingevano dietro di noi. Ci schiacciavano da tutte le parti e io ricominciai a piangere. Sentii qualcuno chiamare il nome di papà. Era la mamma, con Helen tra le braccia, che cercava di avanzare verso di noi tra la folla. Papà iniziò a spingere verso di lei e finalmente fummo riuniti.

Sentii un colpo forte e la luce si affievolì. Le porte del treno erano state chiuse. Le finestre erano molto piccole e situate molto in alto, non lasciavano entrare molta luce. Le persone si allargarono il più possibile. Non c'erano posti a sedere, ma vicino a noi c'era un ripiano ampio, e papà vi si avvicinò lentamente. C'erano già delle persone sedute o appoggiate, ma riuscì a trovare un posto per la mamma e un posto per me.

I miei genitori sembravano contenti di essersi ritrovati, ma io non ero affatto felice. Faceva caldo e c'era un cattivo odore. "Non voglio stare qui", mi lamentai, "voglio andare a casa." Mia madre mi abbracciò e disse: "Non possiamo tornare a casa ora." "Devo andare in bagno." Papà mi tolse dal ripiano, mi tolse le mutandine e mi mise per terra. Guardai tutti gli estranei che si stringevano intorno a me. "Non qui, sul vasino," sussurrai. "Non c'è il vasino, devi farla qui." Rimasi lì per un po', incredula. Alla fine, incapace di trattenermi più a lungo, mi lasciai andare. Un ruscello giallo si riversò ai miei piedi e mi bagnò le scarpe. Il treno tremò e iniziò a muoversi. Persi l'equilibrio, ma le persone che avevo intorno erano così vicine che non c'era spazio per cadere. Iniziai di nuovo a piangere. Papà mi prese in braccio e mi fece sedere tra mamma e una vecchia signora grande e grossa. Avevo fame, sete ed ero esausta, ma soprattutto, ero molto spaventata. Non capivo dove fossimo o perché i miei genitori ci avessero portate in quel posto terribile. Alla fine mi addormentai.

Mi svegliai urlando. Non riuscivo a respirare. Sentivo qualcosa di pesante che mi premeva sopra la testa e mi soffocava. Papà mi districò dalla signora grassa che si era appisolata e si era accasciata su di me. Ero inconsolabile e fuori di me, e papà mi strinse forte. La mamma teneva ancora in braccio Helen. Piansi per la mia Danda, di cui non c'era traccia. Non potevo sapere che non l'avrei mai più rivista.

Il treno continuò a vibrare. A volte si fermava, ma non ci

lasciava mai uscire. Scese l'oscurità e dopo un po' caddi in uno stato di torpore senza sapere più se fosse giorno o notte. A volte mi arrivava del cibo o dell'acqua. A volte soffrivo la fame. Ma non piangevo più. Mamma e papà sembravano molto stanchi. Dormivo e mi svegliavo in uno strano crepuscolo, e non ricordo molto.

Dopo quella che sembrò un'eternità, il treno si fermò del tutto. L'improvviso silenzio ci fece capire che il motore era stato spento. Eravamo arrivati da qualche parte. Mi svegliai e vomitai. Il vagone aveva l'odore peggiore che avessi mai sentito in vita mia. Avevo sete e la mia bocca era secca. La gente cominciò a muoversi aspettandosi l'apertura delle porte, ma ci volle molto tempo perché ciò avvenisse (altre dieci ore, mi fu detto in seguito).

Alla fine, sentimmo il tintinnio delle cerniere metalliche e gli sportelli si spalancarono. Tutti iniziarono a spingere in avanti, cercando di uscire il prima possibile. Papà ci fece aspettare.

"Voglio andarmene da qui", gemetti.

"Presto, ma non vogliamo finire schiacciati", mi disse papà. Mi teneva di nuovo in braccio, e alla fine arrivammo anche noi all'uscita.

Vidi un grande campo vuoto, e nient'altro.

"Dov'è casa nostra?", gridai: "Non ci sono case qui".

"La troveremo, non preoccuparti." Papà sembrava sicuro di sé e io mi sentii meglio. Ovunque fossimo, ero felice di essere scesa da quel treno orribile.

"Non mi piacciono i treni", annunciai a nessuno in particolare.

Questi avvenimenti ebbero un impatto importante sulla mia vita. Erano successe così tante cose a quella mia piccola psiche. Ero stata esposta a eventi che sarebbero stati traumatici per chiunque a qualsiasi età. Una bambina così piccola non poteva avere risorse per affrontarli. Avevo imparato che era pericoloso esprimere le emozioni e che era doloroso provarle. Stavo diventando sempre più brava a soffocare i sentimenti che non riuscivo a reprimere. Ho pianto molto, dentro. Inoltre, il mondo si stava dividendo tra le persone "buone", che non ti avrebbero ucciso, e le persone "cattive", che probabilmente lo avrebbero fatto. Molto più tardi ho imparato che questo modo di pensare in bianco e nero è un noto meccanismo di difesa chiamato "scissione". Il mondo diventa bianco e nero, privo delle sfumature di grigio che compongono la maggior parte della realtà.

Gli eventi ci stavano travolgendo in un modo che avrebbe perseguitato la mia famiglia per sempre. Allora non potevamo saperlo, ma i miei genitori e i loro compagni stavano diventando persone intrappolate nel passato.[1]

---

1. Nota esplicativa: dopo la resa di Varsavia, i tedeschi avevano deciso di distruggere sistematicamente la città con i carri armati, isolato dopo isolato. Nel frattempo, spedirono via l'intera popolazione. Uomini e donne abili, senza bambini piccoli, furono mandati nei campi di lavoro in Germania. È lì che era stata mandata la mia tata. Chi restava veniva rilocato nel campo di sterminio più vicino, Auschwitz, per l'eliminazione finale. I miei genitori si erano separati portando una bambina ciascuno ed entrambi finirono sullo stesso treno, come avevano sperato. Quel treno era diretto ad Auschwitz. Sfortunatamente per i tedeschi, i forni crematori non riuscivano a tenere il passo con le centinaia di migliaia di persone che venivano date loro in pasto giorno e notte. Mentre la coda cresceva, le truppe sovietiche stavano finalmente iniziando a muoversi e i tedeschi non avevano più tempo. Furono costretti a ritirarsi prima di poterci portare fino ad Auschwitz. I soldati si ritiravano e noi fummo finalmente rilasciati dal carro merci in cui eravamo intrappolati. In mezzo al nulla. Il villaggio più vicino, Milanowek, era a qualche chilometro di distanza, e i passeggeri liberati, alcuni dei quali erano molto giovani, o molto vecchi, malati o a malapena vivi, dovettero trovare il modo di farsi strada fino a lì.

SEI
NUOVE TATE

ARRIVATI NEL PICCOLO VILLAGGIO, ci trasferimmo in un cottage minuscolo. Non ricordo molto del villaggio, a parte il fatto che c'erano altre zie e zii che vivevano anche loro in piccoli cottage.

Andavamo a trovare lo zio Zbig ogni giorno. Era sempre in un letto completamente bianco, comprese le lenzuola e le coperte. Le sue gambe erano avvolte in bende ugualmente bianche. "Perché non si alza mai?" domandai a mio padre. "Non può camminare", rispose lui, "I soldati gli hanno sparato alle gambe". Mi chiedevo se sarebbe rimasto a letto per sempre.

Volevo tornare a casa mia e giocare con i miei giocattoli. Lì non avevamo quasi nessun giocattolo. Ma soprattutto, ero convinta che la mia Danda mi stesse aspettando a casa e mi mancava molto. Mamma e papà erano impegnati. Io e mia sorella venivamo accudite da una strana donna. Insistetti con i miei genitori per tornare a casa, ma mi venne detto che non potevamo ancora tornare. Presto, dicevano. Non capivo la ragione, o forse non me ne avevano mai data una, perché i genitori allora non ritenevano necessario spiegare le cose ai bambini.

Abbiamo vissuto in quel piccolo villaggio per diversi mesi, in una situazione quasi surreale. Avevamo perso la nostra bella casa, eravamo stati allontanati da un ambiente familiare e vivevamo alla giornata, nell'attesa di quando sarebbe stato possibile tornare nella nostra città in rovina. Cercando di farcelo pesare di meno, i miei genitori si comportavano come se quelle circostanze altamente anomale non fossero affatto insolite. Volevano proteggere me e mia sorella dai rifugiati traumatizzati, che prima erano stati estranei e ora erano i nostri vicini. La loro pretesa di normalità, in quella situazione estremamente fuori dal comune, tuttavia, non faceva che nutrire l'atmosfera di irrealtà in cui vivevamo.

Oggi in circostanze simili avremmo fatto terapia di comunità. Eravamo tutte persone sfollate e traumatizzate, che, dopo aver subìto traumi indicibili, avevano anche perso le loro case e i loro beni. Le nostre vite erano state distrutte. Carriere, istruzione e lavoro erano scomparsi in un vuoto oscuro e non avevano più alcun significato. Alcune persone erano state ferite fisicamente. La maggior parte non aveva idea di dove fossero i loro cari, o se fossero sopravvissuti, e non c'era modo di scoprirlo. Altre avevano oltrepassato il limite e avevano perso il controllo. Altre ancora erano sotto shock, soffrivano di quello che ora chiamiamo Disturbo Post Traumatico da Stress. Tutte vittime ambulanti.

Finalmente dopo diversi mesi arrivò il grande giorno e tornammo a casa a Varsavia. Io corsi all'interno chiamando: "Danda, Danda", ma nessuno mi venne incontro per salutarmi, e non la trovai neanche dopo aver attraversato tutte le stanze. La delusione era troppa e iniziai a piangere. "Danda non è ancora tornata", mi disse la mamma, "Devi avere pazienza e aspettare." "Quando torna? Dov'è?" volevo sapere. "Non ne siamo sicuri", fu la sua risposta.

In quel periodo, a un certo punto, portarono una bambina piccola nella nostra cameretta e la mostrarono a me e a Helen. "Questa è la vostra nuova sorellina, Anne", ci dissero. Non eravamo molto contente. Era troppo piccola per giocare e non sembrava molto divertente. Aveva la sua tata e noi la vedevamo solo di rado. Non ci era permesso toccarla.

Helen ed io giocavamo e mangiavamo insieme in una nostra saletta e dormivamo nella nostra camera da letto. La mattina ci portavano per un po' a trovare la nonna che abitava al piano di sotto, e la mamma e papà venivano ogni tanto a farci brevemente visita. Dopo pranzo, se il tempo era bello, giocavamo fuori. Avevo una bellissima carrozzina giocattolo color crema e con un rivestimento cromato, un regalo del nonno per la sua prima nipotina. Alle cinque, papà veniva nella nostra saletta a giocare con noi. Ci leggeva storie, mi guardava costruire torri con i blocchi, o mi aiutava a scrivere le lettere con i miei pastelli. Le sue visite erano sempre divertenti. Veniva anche la mamma, ma non ricordo cosa facevamo con lei.

Un giorno mia madre portò una giovane donna nella nostra saletta e ce la presentò come la nostra nuova tata. "Non voglio una nuova tata", le dissi, "Voglio Danda."

"Danda non c'è, e tu ora devi ascoltare la tua nuova tata", insistette lei con fermezza.

Per me era inaccettabile. Non solo Danda non c'era più, ma un'estranea stava per prendere il suo posto. Non avrei mai permesso che accadesse. Avrei aspettato Danda, non importava quanto tempo ci sarebbe voluto. Feci in modo di far capire a quella donna che era un'intrusa e che non era la mia vera tata. Le resi la vita difficile fingendo di non ascoltare i suoi dettami, o ignorandoli del tutto. Le dissi che la odiavo.

Alla fine, riuscii a farla andare via.

Mia madre si arrabbiò e mi disse che era stato il mio cattivo comportamento a farle dare le dimissioni. Non aveva ancora capito che quello era esattamente il mio piano. Speravo che a quel punto Danda sarebbe tornata.

Ma non accadde. Venne assunta un'altra tata. Ricominciai la mia campagna di terrore, ma quest'altra persona era più difficile da scoraggiare.

Una mattina, entrando nella stanza dei giochi, notai un'asse con sopra un ferro da stiro. La tata non c'era. Esaminai l'oggetto scintillante. Sapevo perfettamente che non mi era permesso toccarlo, ma era difficile resistere. Chiedendomi se fosse caldo, poggiai l'intero palmo della mano sulla superficie piatta e lucida. Istantaneamente, saltai via urlando e tenendomi la mano ustionata. Era diventata rosso vivo e mi faceva molto male. In risposta alle mie grida, la tata e la governante arrivarono di corsa.

La signora Lizoniowa faceva le pulizie, e suo marito era il giardiniere e l'addetto alla manutenzione del palazzo. Erano con la nostra famiglia da molto tempo. Mi prese tra le braccia e gridò, rivolgendosi alla mia tata: "Dov'eri? Perché non stavi tenendo d'occhio la bambina?"

Mi portò di corsa al piano di sotto da mia nonna. La mia mano venne immersa in acqua fredda con una polvere lenitiva e venne convocato il dottore. Fortunatamente, il ferro da stiro non era molto caldo e avevo ritirato la mano così rapidamente che non c'era stato alcun danno grave. La mamma mi disse che non avrei dovuto toccare il ferro da stiro, ma la tata fu licenziata. Per qualche giorno i miei nonni non fecero altro che coccolarmi. La mia disavventura non avrebbe potuto avere un finale più gratificante.

La mia nonna paterna era una persona paziente e amorevole. Una mattina mi portarono nella stanza quando lei era ancora a letto. Per un po' giocai lì sopra, ma presto mi annoiai e andai a esplorare la sua toeletta, che era piena di barattoli e bottigliette. C'erano molte cose molto interessanti da esaminare. "Fai attenzione a non versare nulla", ammonì il nonno.

"Lasciala divertire", rispose la nonna. Ben presto un barattolo colorato mi scivolò di mano e si sollevò una nuvola di polvere bianca che avvolse l'area circostante per poi posarsi su di me e su tutto il resto.

"Ecco, guarda ora cosa hai fatto. Ti avevo detto di stare attenta. Che guaio." Il nonno sembrava molto contrariato. "Oh, è solo un po' di polverina", disse la nonna, "Chiama Mary, ci penserà lei a pulirla." Sapevo che si sarebbe schierata dalla mia parte e che non avrei ricevuto punizioni. Amavo mia nonna. Da lei ho ricevuto quel senso di accettazione e amore incondizionato di cui avrei avuto disperatamente bisogno negli anni a venire. Quei punti di forza interiori mi sarebbero stati essenziali per affrontare quello che sarebbe accaduto.

Il nonno era il patriarca indiscusso e autocratico della famiglia. Era l'Imperatore: potente e dispotico. La sua approvazione di me in quanto nipote primogenita mi dava uno status speciale in famiglia. Gli piacevo così com'ero e mi faceva sentire speciale. Da lui ho ricevuto basi solide e un senso di importanza, forza e potere.

Continuai a piangere la perdita di Danda e a sperare nel suo ritorno. Era stata mia madre di fatto sin dalla nascita. Era sempre stata lì a confortarmi quando piangevo, a darmi da mangiare quando avevo fame e ad abbracciarmi quando ero triste. Non si aspettava che controllassi le mie emozioni e mi aveva permesso di essere una bambina. Potevo piangere, urlare e fare i capricci quando ero arrabbiata, o ridere, cantare e ballare quando ero felice. Mi aveva dato approvazione totale e sostegno. Sapevo di essere speciale e meravigliosa ai suoi occhi. Allora non sapevo ancora che avevo perso per sempre non solo lei, ma anche tutto ciò che mi aveva offerto. Avrei passato molti anni a cercare di ritrovare l'amore incondizionato che mi aveva donato e che avevo perso così improvvisamente e violentemente.

Quella di Danda fu la prima perdita che ho subìto, e non fece che prefigurare le numerose perdite che avrei sofferto di lì a breve.

La tata successiva venne informata subito del fatto che mi avrebbe trovata difficile e che avrebbe dovuto usare molta fermezza. Quella sera per cena ci venne servita della zuppa di patate. Non mi piaceva la zuppa di patate e decisi di testare la determinazione della nuova tata. Mi rifiutai di mangiarla. Lei cercò di persuadermi, di corrompermi e di minacciarmi, ma invano. Continuai solo a rifiutarmi.

"Che testarda," mi disse. "Beh, puoi stare seduta qui finché non la mangi."

Rimasi seduta lì fin quando non arrivò l'ora di andare a dormire, ma non ero ancora capitolata. "Se non la mangerai stasera, dovrai mangiarla domattina a colazione. Fredda." Continuai a non mangiarla.

Fedele alla sua parola, la nuova tata mi servì la zuppa fredda a colazione. La rifiutai ancora. Mi minacciò di servirmela di nuovo a pranzo. A quel punto niente avrebbe potuto farmi arrendere.

All'ora di pranzo sedevo di nuovo davanti alla zuppa fredda quando, all'improvviso, arrivò mio nonno. "Zuppa fredda per pranzo?" domandò. Gli dissi che odiavo la zuppa di patate e che la tata non mi dava altro da mangiare dal giorno prima. Il nonno rimase sconvolto e ordinò di portare immediatamente il pranzo. Chiese alla tata se affamare una bambina fosse la sua idea di disciplina.

Se ne andò sbuffando e ancora una volta la mamma dovette trovare una sostituta.

Ero una bambina testarda e con un forte senso di giustizia, per cui ero riluttante a scendere a compromessi. Per qualche motivo, essere la nipote primogenita mi rendeva speciale. L'approvazione del nonno era un terreno solido su cui potevo stare fermamente. Era un uomo potente e faceva sentire forte anche me.

Mia madre stava esaurendo la pazienza con me per come mi stavo comportando con le tate. Mi disse che la prossima sarebbe stata l'ultima, e che se mi fossi comportata di nuovo male, sarei stata nei guai. Il momento della verità arrivò con l'ora del bagno nella vasca. Io e Helen facevamo tutto insieme, compresi bagni lunghi e pieni di divertimento.

La nuova tata, essendo stata avvisata dei miei capricci e temendo di non riuscire a controllarci entrambe nella vasca allo stesso tempo, insistette che dovevamo fare a turno. Iniziai a discutere, dicendole che ci era permesso fare il bagno insieme, ma lei continuò a rifiutarsi. Mise Helen nella vasca e tenne me fuori.

Tutta la mia rabbia per il fatto che non fosse Danda si mescolò alla sensazione di ingiustizia. Allungai una mano e le afferrai i capelli. Lei stava tenendo Helen in acqua e aveva paura di lasciarla andare. Tirai una manciata di capelli. Poi ne afferrai altri. Lei si mise a urlare.

La gente arrivò di corsa e mi tirò via. Venne anche mia madre e vidi che era molto arrabbiata. Mi disse che ne aveva avuto abbastanza e mi schiaffeggiò forte sul sedere, più volte.

Non ero mai stata colpita prima d'allora, e anche se in seguito avrei ricevuto punizioni simili da mio padre, quella fu la prima e l'ultima volta che fu mia madre a farlo. Piansi amaramente più per l'indignazione e per l'umiliazione che per il dolore. Ma sapevo che quella era la fine della faccenda. La mamma aveva vinto e la tata sarebbe rimasta. Alla fine non fu così male, ma io non l'avrei mai accettata perché non era Danda. E non avrei mai perdonato a Danda di avermi lasciata.

Non potevo sapere allora che Danda aveva trascorso la fine della guerra in un campo di lavoro in Germania. Mi sentivo abbandonata e tradita.

Danda, che era stata la mia principale fonte di affetto, rappresentava ai miei occhi sicurezza, calore e amore. I miei disperati tentativi di riportarla indietro rappresentavano il mio bisogno di riconquistare la stabilità di una fase precedente. Provavo rabbia e dolore per quello che avevo vissuto come un abbandono da parte sua. Quegli episodi rafforzarono per me l'idea che la mia ira e i miei tentativi di ottenere ciò che desideravo erano inutili. Imparai di nuovo quanto fossi impotente nell'influenzare gli eventi. Questi sentimenti di frustrazione e rabbia impotente iniziarono ad agglomerarsi in un blocco energetico che in seguito mi avrebbe provocato un senso di paralisi e avrebbe costituito un ostacolo enorme per la mia motivazione e per la mia capacità di prendere decisioni e andare avanti con determinazione.

SETTE
DIRE ADDIO

QUELLA DELLA RICERCA della tata giusta non fu l'unica crisi che dovette affrontare mia madre in quel periodo, e l'altra, molto più grave, avrebbe avuto conseguenze a lungo termine per la nostra famiglia.

Mio padre si era ammalato gravemente.

Gli era stata diagnosticata un'*agranulocitosi acuta*, una malattia del sangue poco conosciuta e per la quale non esisteva una cura. Si stava consumando lentamente ed era tenuto in vita solo da trasfusioni sanguigne quotidiane. Per molti mesi non fu in grado di alzarsi dal letto, dove io e le mie sorelle gli facevamo visita ogni giorno per un breve buongiorno e un bacio della buonanotte. Era molto pallido e debole; la mamma non voleva che lo stancassimo. Ci mancavano le sue visite quotidiane nella nostra saletta, dove giocava con noi e ci leggeva o raccontava storie, e non capivamo perché non potesse più farlo.

Non capivo cosa stesse succedendo o perché. Le fondamenta del mio mondo venivano continuamente scosse e fatte a pezzi. Al tempo dell'insurrezione, la perdita della nostra casa e di Danda allo stesso tempo erano stati cambiamenti traumatici. Ora mia madre e mio padre stavano diventando sempre più assenti, e ancora una volta in famiglia c'era una sensazione di tensione e incertezza. Non la capivo, ma la percepivo intensamente. A un livello della psiche ancora più profondo, il mio mondo interiore – un senso fondamentale di sicurezza e benessere – veniva scosso e fatto a pezzi.

Dopo un anno, divenne chiaro che i medici di Varsavia non erano in grado di curare la malattia di mio padre. I migliori specialisti del mondo, all'epoca, erano in Svizzera, ed era lì che si trovava l'ultima speranza della mamma. Decise di portarlo lì per farlo curare. Fu una decisione critica, che avrebbe diviso la famiglia e portato i miei genitori via da casa e dal Paese. Mia madre stava progettando un'assenza di qualche mese e non poteva sapere che era destinata a non tornare mai più.

'Liberata' dal dominio nazista da parte dell'Armata Rossa, la Polonia cadde sotto il controllo della Russia sovietica, dove sarebbe rimasta per l'intera durata della Guerra Fredda. Il governo comunista locale, insidiato e mantenuto al potere dalle truppe sovietiche di stanza in Polonia, prendeva ordini da Mosca. Il processo di conversione del Paese al comunismo comportò la persecuzione e l'eliminazione di famiglie che erano state importanti nell'era prebellica.

Sotto il dominio comunista queste persone non avevano nulla da guadagnare e tutto da perdere. Non ci si poteva aspettare che abbracciassero volentieri la nuova ideologia. Generalmente ben istruite e abituate ad avere potere, erano considerate avversarie pericolose e quindi furono dichiarate nemiche dello Stato. Inizialmente vennero ricercate e arrestate. Alcune furono processate e giustiziate con accuse politiche, o false. Altre furono deportate nel cuore nell'Unione Sovietica per marcire nei gulag. Altre ancora scomparvero senza che se ne sapesse più nulla. Le loro famiglie subivano minacce e discriminazioni. Agli adulti veniva negato il lavoro e ai loro figli l'istruzione superiore.

Una volta che i comunisti ebbero consolidato il loro potere, mio nonno, che prima della guerra era stato un ricco proprietario terriero, dovette entrare in clandestinità. Fu costretto a cambiare nome, aspetto e stile di vita. Non osava apparire in pubblico a Varsavia o in qualsiasi altro luogo in cui sarebbe potuto essere riconosciuto. Per molti anni visse come un semplice contadino, nascosto in un villaggio e immerso nella campagna.

Un altro gruppo di polacchi destinati alla cancellazione era quello che aveva assunto una chiara posizione anticomunista durante la guerra. C'erano state due fazioni distinte e ideologicamente piuttosto diverse nella Resistenza polacca. L'esercito nazionale credeva che la Polonia non potesse combattere su due fronti. Secondo il loro ragionamento, che piacesse o meno il comunismo, finché avrebbero combattuto i tedeschi, i sovietici sarebbero stati nostri alleati. L'esercito nazionale aveva tra le sue fila alcuni simpatizzanti della causa comunista, e persino membri del partito. Il Fronte Nazionale (FN), d'altra parte, vedeva i russi come i nemici storici che cercavano di espandere il loro impero e che, se ne avessero avuto la possibilità, avrebbero soggiogato la Polonia esattamente come avevano cercato di fare i nazisti. Il FN non si fidava dei russi e si rifiutò di cooperare con qualsiasi intervento sovietico. Inutile dire che non c'erano comunisti tra le loro fila. Dopo aver preso il controllo, i sovietici, non avendo più alcun bisogno dei patrioti polacchi, trattarono i loro sostenitori all'interno dell'esercito nazionale in modo deplorevole, e i membri del FN, in particolare il corpo degli ufficiali, furono prontamente arrestati e giustiziati.

E così su di noi incombeva di nuovo la minaccia della morte. Mio padre era stato un ufficiale del FN. Fortunatamente i nomi degli ufficiali e degli altri combattenti erano stati registrati in codice e, sebbene i comunisti avessero ottenuto gli elenchi dei membri, ci volle molto tempo perché riuscissero a decifrarli tutti.

Sebbene mio padre fosse sulla lista dei ricercati in quanto parte di una famiglia importante, al momento in cui mia madre aveva chiesto il permesso di portarlo in Svizzera le sue attività in tempo di guerra non erano note alle autorità. I comunisti permisero a mio padre di lasciare il Paese per tre mesi per cercare una cura. Il permesso, tuttavia, si applicava solo ai miei genitori. Io e le mie sorelle saremmo rimaste in Polonia come garanzia del loro ritorno.

A me e Helen fu detto che sarebbero andati via per fare in modo che papà potesse stare meglio. Non avevamo idea di dove stessero andando o di cosa significassero tre mesi. Io capii soltanto che non li avremmo rivisti mai più. Helen, diciotto mesi più giovane di me, probabilmente capiva anche meno.

Da quando avevo perso la mia amata Danda non ero stata in grado di provare attaccamento verso nessuna delle sue sostitute. Anche se dopo la GRANDE LITE con la mamma, che avevo perso ignominiosamente e dolorosamente, avevo smesso di combatterle attivamente, avevo continuato a provare risentimento per la loro presenza. Durante i mesi di Milanowek avevo legato di più con mia madre, e una volta tornati a Versavia avevo percepito intensamente la sua assenza. Lei era impegnata a prendersi cura di papà e io ero stata di nuovo relegata nella sala giochi e affidata a persone estranee. Anche se vivevamo nello stesso edificio dei miei nonni, erano la mamma e papà quelli che erano stati lì ininterrottamente dall'inizio della guerra e durante i tempi più spaventosi.

Non feci i capricci perché sapevo di non avere il potere di impedire loro di lasciarci. Non volevo che se ne andassero, ma non credevo più di poter combattere e vincere. La vicenda di Danda mi aveva fatto perdere fiducia nel mio potere di ottenere ciò che volevo. Così li salutai con un bacio, non come la brava bambina che *ero*, ma come quella che *ci si aspettava che fossi*.

Tre mesi sono pochi per un adulto, ma un'eternità per una bambina che aspetta il ritorno dei suoi genitori. Sorprendentemente, non sentii il dolore di "averli persi". In famiglia pensavano che, dal momento che le nostre giovani vite sarebbero continuate come sempre nella nostra saletta, e dal momento che i nostri genitori non erano mai stati coinvolti in maniera costante nella nostra quotidianità, difficilmente ci saremmo accorte della loro assenza. In parte avevano ragione. Non è che non mi accorgessi della loro assenza. Me ne accorsi eccome, e dentro di me iniziò a crescere un piccolo buco nero, ma ero già abbastanza abile nella repressione dei sentimenti negativi, per cui non ero consapevole del dolore.

OTTO
UNA RECITA PER IL RITORNO

Nella stanza adibita a scuola materna, la vita procedeva senza cambiamenti nonostante l'assenza dei miei genitori. Ogni giorno mio cugino Andy e alcuni altri bambini si univano a me e Helen per una mattinata di attività educative. Cantavamo canzoni, imparavamo brevi poesie, ascoltavamo storie, ballavamo, disegnavamo, coloravamo e giovavamo. In generale, ci divertivamo. Mi piaceva particolarmente giocare con Andy, che aveva la mia stessa età ed era uno spasso.

I nostri genitori non facevano parte della nostra vita quotidiana. Anche prima della partenza, li vedevamo solo una o due volte al giorno e per periodi di tempo relativamente brevi. Papà, prima di ammalarsi, a volte veniva nel pomeriggio e mi guardava giocare o mi leggeva un libro. A parte quello c'erano solo il buongiorno quotidiano e il bacio della buonanotte, per i quali di solito passavamo qualche minuto nella loro camera da letto. Non erano loro a darmi da mangiare o a lavarmi, a vestirmi o a mettermi a letto. E quando papà era peggiorato avevamo iniziato a vedere entrambi ancora meno. Non mi mancavano nel modo in cui normalmente a una bambina mancherebbero dei genitori profondamente coinvolti nella sua vita quotidiana.

Un giorno, dopo quello che mi era parso un tempo molto

lungo, la nonna annunciò che stavano tornando. Il nostro asilo domestico era tutto in fermento. Presto sarebbero tornati e dovevamo prepararci ad accoglierli a casa!

La nostra governante aveva preparato una piccola recita per l'occasione. Avevamo tutti parti da memorizzare. C'erano anche poesie da recitare e canzoni da cantare. Un sacco di cose da imparare e su cui esercitarsi! E tanto divertimento! L'entusiasmo aumentava con l'avvicinarsi della data del loro ritorno.

E, infine, il grande giorno arrivò. Oggi, ci venne detto, mamma e papà sarebbero tornati a casa. Mi prefiguravo l'abbraccio di mia madre e i baci di mio padre. Le sensazioni brutte si allontanarono un po'. Anne aveva solo due anni e non capiva bene cosa stesse succedendo. Helen ed io non vedevamo l'ora. Passammo l'intera giornata a chiedere: "Sono arrivati?" Ma la mattina si trasformò in pomeriggio e poi in sera, e le nostre speranze iniziarono a svanire.

La nostra governante ci rassicurò: "Devono essere stati trattenuti. Non vi preoccupate, saranno qui domani mattina presto."

La mattina dopo la nonna venne nella stanza dei bambini. "Sono arrivati?" chiesi, pur conoscendo già la risposta. Se fossero tornati, sarebbero venuti loro stessi ad abbracciarci e a darci il bacio del buongiorno. E la nonna, che si svegliava sempre tardi, sarebbe stata ancora a letto. "Stanno tardando", ci disse la nonna. "Dobbiamo essere pazienti e aspettare ancora un po'."

Quella mia vecchia, brutta sensazione di inquietudine tornò a fare capolino e iniziai a chiedermi se sarebbero mai tornati. La vita nell'asilo domestico riprese come prima. Dopo alcune settimane, l'eccitazione tornò. Avevamo una nuova data per il loro ritorno. Ricominciammo le prove per la recita ormai dimenticata con rinnovato vigore. Eravamo di nuovo prontissimi e pieni di entusiasmo, e di nuovo non arrivarono. La nonna ci disse ancora una volta che sarebbero tornati presto, ma questa volta mi convinsi che stava mentendo. Mentivano tutti, e anche loro non sarebbero mai tornati mai più, come la mia amata Danda che era scomparsa senza lasciare traccia. E infatti fu così.

I cicli ripetuti di speranza e delusione mi portarono a concludere che non c'era motivo di sperare perché le persone mentono sempre, e che non si ottiene mai ciò che si vuole, per quanto lo si desideri. Fu un rafforzamento della mia intuizione sulla futilità delle aspettative e l'inizio di un distacco emotivo. Iniziai a vivere alla giornata.

NOVE
ANDARE VIA

Avevo circa cinque anni quando i miei genitori andarono via. L'estate era finita e gli alberi stavano perdendo le foglie. Le giornate luminose e assolate di ottobre stavano volgendo al termine. Presto sarebbe arrivato novembre con le sue settimane fredde e piovose. Non pensavo più ai miei genitori. Credevo che fossero andati via per sempre ed era come se le parti della mia mente e del mio cuore che contenevano i miei ricordi di loro fossero state sigillate.

Helen ed io giocavamo e parlavamo tra di noi, ma mai di loro. Non ci eravamo accordate, ma una tacita comprensione faceva sì che i loro nomi non venissero menzionati. Anche il resto della famiglia taceva. Non sapevano cosa aspettarsi e non volevano suscitare false speranze. Non sapevano che a quel punto avrebbero potuto dire qualsiasi cosa e comunque non avrebbero potuto togliermi la convinzione che mamma e papà non sarebbero mai tornati.

Quella convinzione stava avendo un effetto profondo non solo sul mio fisico e sulla mia psiche, ma anche sulla mia capacità di connettere con le altre persone e provare fiducia, e nessuno se ne stava rendendo conto.

Diverse delusioni dolorose mi avevano già insegnato che gli

adulti non dicono la verità. Mentivano sempre davanti al dolore, come con le punture. Dicevano che non avrebbe fatto male, e invece era sempre doloroso. Dicevano che le persone sarebbe tornate, ma non tornavano mai. Dicevano che sarebbe andato tutto bene, ma non era così. Non ci si poteva fidare di quello che dicevano, per cui decisi io a cosa credere.

Un giorno, circa un anno dopo la partenza dei nostri genitori, la nonna venne a trovarci e ci disse che il giorno dopo avremmo fatto una piccola gita in montagna e che lì avremmo incontrato i nostri genitori.

Io non ebbi alcuna reazione emotiva. Non le credevo, e mi chiedevo dove stessimo andando veramente. Helen non disse nulla e tra di noi non ne parlammo affatto.

La mattina della partenza fummo svegliate prima del solito. Era ancora buio. Come sempre, ci fecero indossare i nostri vestitini e i fiocchi tra i capelli. La colazione venne consumata in fretta. Quando stavamo per andarcene io corsi nella stanza dei giochi, annunciando che dovevo salutare le mie bambole.

"Sbrigati", mi esortò la governante, "alla nonna non piace aspettare".

Entrai da sola nella stanza buia. La mattina si stava affacciando attraverso le tende creando una luce soffusa piena di ombre. Raccolsi tutte le mie bambole, le baciai e le misi nei loro lettini. Le coprii con le loro trapunte minuscole in modo che rimanessero comode e al calduccio. Diedi loro il mio ultimo saluto. Nessuno me l'aveva detto, ma dentro di me sentivo che non sarei tornata mai più.

Viaggiammo in treno fino a raggiungere un piccolo villaggio in montagna. La sera arrivammo in un piccolo albergo. Consumammo la cena e andammo a dormire presto, esauste per il lungo viaggio. Era notte fonda quando mi svegliai e sentii che la nonna stava piangendo. Non sapevo dove stessimo andando veramente, o cosa sarebbe successo il giorno dopo, ma a quel punto ebbi la certezza che, qualunque cosa fosse, avrebbe fatto male. Rimasi a lungo a tremare di paura e in uno stato di ipervigilanza, poi un sonno arrivò a darmi un po' di sollievo.

L'alba portò un giorno luminoso e soleggiato. La luce del mattino faceva sembrare tutto più allegro, e per un momento dimenticai le ansie della notte. Dopo colazione la nonna annunciò che stavamo andando a fare una passeggiata.

Qualcosa nella sua voce mi portò a considerarla con sospetto. Percepivo pericolo. Mi rifiutai di muovermi ed ero pronta a fare una scenata rumorosa in mezzo all'hotel. Sapevo istintivamente che la mia nonnina piccola e raffinata avrebbe avuto difficoltà a gestire una situazione di quel tipo. La disciplina era sempre stata una cosa imposta dalle tate, poi dalle governanti, e a volte dai genitori. La nonna si ritirava sempre ai primi segni di difficoltà. Avevo una fiducia ben fondata nella mia capacità di fare i capricci. Gli adulti per bene non si aspettavano quei tipi di comportamenti dai bambini ben educati e rimanevano sempre scioccati, non sapevano come reagire.

"Io non ci vengo", dissi, con la mascella serrata.

Sapevamo entrambe che mia nonna era in difficoltà senza il sostegno della mia governante. Io non volevo andare e lei non poteva lasciarmi lì. Era bloccata. Ci fissammo come due avversarie che si studiano a vicenda. La guardai negli occhi e ripetei ad alta voce: "Io non ci vengo". Continuai a sfidarla guardandola dritto negli occhi, aspettando la sua mossa successiva.

Mia nonna abbassò lo sguardo. Rimase in silenzio per un momento, poi disse: "Volevo farti una sorpresa. Stiamo andando a comprare un cucciolo."

Quella era una mossa completamente inaspettata, che mi prese un po' alla sprovvista. Avevo sempre desiderato un cucciolo. Una vocina nella mia testa mi sussurrò: "Non fidarti di lei, sta mentendo." Ma un'altra voce, più forte, gridò: "Un cucciolo, avrai un cucciolo!"

La tentazione fu troppo grande. Annuii e la seguii

obbedientemente fuori dalla porta. O almeno, il mio cuore lo fece; nella mia testa suonava ancora un avvertimento silenzioso.

Camminammo per un po' e infine arrivammo in una parte della città che aveva un aspetto diverso da qualsiasi posto avessi mai visto. Non c'erano negozi, o belle case. Era tutto grigio e un po' sporco. Ricominciai a provare ansia e malessere. Qualcosa non quadrava. Ci fermammo davanti a una scala traballante che conduceva al secondo piano di un condominio.

"Questo non è un negozio di animali", protestai.

"Al piano di sopra c'è un signore che ha un cucciolo per te", insistette la nonna, salendo le scale con le mie sorelle. Portava in braccio la piccola Anne e teneva Helen per mano.

Sta mentendo, pensai di nuovo, ma era troppo tardi per fermarsi. Lei e le mie sorelle erano già a metà delle scale e non potevo fare altro che seguirle.

La porta fu aperta da una giovane donna dallo sguardo amichevole. Ci fece entrare e presto fece la sua comparsa un uomo grande e giovane. Non sembrava parlare la nostra lingua. Il modo in cui parlava mi sembrava strano, anche se riuscivo a capire la maggior parte di quello che stava dicendo.

L'uomo sorrise a me e alle mie sorelle e cercò di essere amichevole, ma io non volevo saperne niente. La nonna stava parlando piano con lui, sembrava nervosa. Non c'era nessun cucciolo in vista, esattamente come mi aspettavo.

Cominciai a pensare che forse si trattava di un dottore che ci avrebbe fatto delle iniezioni, o fatto qualcos'altro di molto doloroso. Gli adulti mentivano sempre quando si trattava di andare dal dottore, per farti arrivare lì senza avere problemi. Speravo che non stessero di nuovo per legarmi e operarmi, come quell'ultima volta in ospedale. A quel punto ero davvero spaventata, perché sentivo che stava per accadere qualcosa di veramente terribile. Le mie sorelle stavano rannicchiate insieme in silenzio.

La nonna scambiò qualche parola con la giovane donna, poi si voltò verso di me e indicò l'uomo: "Questo è Ian. Vi porterà dai vostri genitori. Ricorda sempre che tu sei la più grande e sei responsabile per le tue sorelle minori."

Detto ciò si voltò e fuggì via dalla porta da cui eravamo entrate. Cercai di seguirla, di impedirle di abbandonarci, ma la giovane donna fu più veloce di me. Chiuse rapidamente la porta e si mise la chiave in tasca.

Sconvolta, mi voltai verso le mie sorelle che stavano singhiozzando per la paura. Due bambine indifese e terrorizzate – ancora due infanti, in realtà – che a quel punto erano una mia "responsabilità".

Dopo averci chiuse lì, la donna uscì dalla stanza ed ci lasciò con l'altro giovane, che sembrava anche lui smarrito. Le mie sorelle piangevano inconsolabili. Neanch'io sapevo cosa fare, per cui rimasi lì a dire: "Non piangete, non piangete, andiamo a trovare la mamma e papà". Non ci credevo, ma avrei detto qualsiasi cosa per farle smettere di piangere.

Alla fine, Helen chiese tra le lacrime: "Dove sono?"

"Non lo so, ma Ian lo sa e ci porterà lì."

"Davvero?" Helen voleva essere rassicurata.

Qualcosa dentro di me si smosse. Avevo imparato anni prima a ingoiare le mie emozioni e a fingere. Ero la più grande, in quella situazione, e le persone grandi mentivano su tutto, specialmente sui sentimenti. Soffocai il mio terrore e la mia rabbia.

"Certo", risposi, esprimendo una convinzione che non provavo. "Non hai sentito cosa ha detto la nonna?" I singhiozzi di Helen si trasformarono in soffietti del naso e alla fine si fermarono. Anne seguì il suo esempio. Cominciammo a guardarci intorno.

Poco dopo, la donna riapparve con in mano un piatto di cioccolatini. Li offrì prima a me. Io scossi la testa. Non mi fidavo né di lei né di Ian. Erano estranei, forse nemici. Non mi sarei fatta corrompere da un cioccolatino. Quindi si rivolse alle mie sorelle, che mostrarono decisamente più interesse per l'offerta. Balzai in avanti come una mamma gatta che protegge i suoi

gattini. "Non li toccate", gridai, "potrebbero essere avvelenati."
Le mie sorelline mi fissarono piene di confusione. La donna ne
prese un pezzo e lo mangiò. Diede un altro pezzo all'uomo, e
anche lui lo mangiò. "Niente veleno, vedi?" disse, porgendo di
nuovo il piatto alle più piccole, che non esitarono più. Lo offrì di
nuovo anche a me. Mi sentii una sciocca. I dolciumi non erano
avvelenati e, anche se lo fossero stati, non avevo alcuna
influenza sulle sorelle che mi erano state affidate.

Mangiai un pezzo di cioccolato, ma la sua dolcezza aveva un
sapore amaro nella mia bocca. La sensazione di solitudine totale
e il conseguente timore mi colpirono con tutta la loro forza come
un pugno nello stomaco.

Anni dopo mi resi conto di quanto abbandono c'era stato in
quella fuga piena di codardia della nonna. Non ero in grado di
adempiere alla responsabilità che mi era stata assegnata, e che
divenne un peso schiacciante per una bambina di sei anni.

In quel momento avevo solo paura. Paura di essere lasciata
sola e paura di non essere in grado di proteggere me stessa o le
sorelle che erano state affidate alle mie cure. Paura di quello che
poteva accaderci. E sapevo che avrei dovuto tenere quei
sentimenti per me, a tutti i costi.

DIECI
MELE RUBATE

Attraversammo clandestinamente i confini in compagnia di Ian, il giovane sconosciuto che chiamavamo "zio", e ogni attraversamento portava con sé un pericolo di cattura e morte immediata. Nel 1948, l'anno in cui stavamo fuggendo dalla Cortina di ferro, le guardie di frontiera sovietiche tendevano a sparare prima di fare domande, sempre che poi qualcuno fosse ancora vivo per rispondere.

Lo "zio" parlava ceco, non polacco, ma fortunatamente le lingue erano abbastanza simili, e tra parole e i gesti riuscivamo a gestire le comunicazioni essenziali: fame, stanchezza, sete, bisogni. Il resto non importava. Non avevo idea di dove stessimo andando e, anche se me lo avesse detto, non gli avrei creduto.

Eravamo in una situazione completamente fantastica e surreale. Eravamo tre bambine molto piccole che viaggiavano verso una destinazione sconosciuta con uno sconosciuto che non parlava la loro lingua.

L'unica cosa che eravamo tutti in grado di comprendere era che eravamo in grande pericolo. Ian ci aveva detto che gli Uomini Cattivi, se ci avessero trovato, avrebbero ucciso lui e portato via noi, e non avremmo mai più rivisto la nostra famiglia. Saremmo state ancora più in pericolo. Nessun senso di sicurezza. Anzi, tutt'altro.

Ogni volta che Ian ripeteva quell'avvertimento, la mia faccia rimaneva impassibile anche se mi scuoteva fin dentro le ossa. Sapevo cosa significava uccidere perché avevo visto molti cadaveri uscendo da Varsavia dopo la caduta della città. Ian – lo "zio" – era uno sconosciuto, ma era innocuo. Non ci faceva del male e ci proteggeva dagli Uomini Cattivi. Quando ci spiegava che cosa dovevamo fare per stare al sicuro era molto chiaro e molto severo: non dovevamo parlare, non dovevamo piangere e non dovevamo fare alcun tipo di rumore. Dubito che le mie sorelle più giovani avessero idea di cosa stesse succedendo, ma erano abbastanza intimidite da essere sorprendentemente silenziose e obbedienti. Io capivo di più ed ero più spaventata.

Spesso di notte percorrevamo strade isolate di campagna, e quelle rare volte in cui passava un carro agricolo noi ci nascondevamo nei fossi. Di giorno dormivamo in strani cottage o sotto gli alberi nel bosco. Era novembre e cominciava a fare freddo. Noi tre ci accoccolavamo insieme in cerca di calore e conforto. Zio Ian ci copriva con una specie di coperta su cui poi ammucchiava foglie secche sia per il calore aggiuntivo che come camuffamento.

Eravamo in viaggio da giorni e ci muovevamo per lo più a piedi, a volte in treno. Dopo due settimane di viaggio in quelle condizioni eravamo affamati e ci facevano male i piedi.

Era una limpida giornata autunnale – fresca, frizzante e soleggiata –, e stavamo attraversando un meleto. Anne aveva iniziato a piangere piano. Aveva molta fame. Era pomeriggio e avevamo mangiato solo del pane raffermo a colazione, molte ore prima. Sentii il mio stomaco vuoto che brontolava.

Zio Ian condusse Anne sul ciglio della strada e ci fece cenno di sederci accanto a lei. Poi andò in giro a raccogliere le mele rimaste dopo il raccolto e se le mise in tasca.

"Non puoi prendere quelle mele", gli dissi. "È un furto."

Lui si mise a ridere e ci passò i frutti. Le mie sorelle mangiarono avidamente. Io rifiutai la mela.

"No, è rubata", ripetei.

Lui se la rimise in tasca. Continuammo con le interminabili ore di cammino.

Dopo un po' di tempo mi offrì di nuovo la mela, e questa volta la presi. Provai vergogna, ma non riuscivo più a resistere ai morsi della fame.

Ormai avevo sperimentato la perdita totale di tutto ciò che mi era familiare e che un tempo aveva plasmato la mia realtà. Erano spariti Danda, i miei genitori e la mia famiglia. Erano spariti la mia stanza, i miei giocattoli e la mia casa. Mi rimanevano solo le mie sorelle, e sentivo intensamente il peso di una responsabilità sulla quale non avevo alcun potere, come mi veniva ricordato costantemente. La nonna mi aveva incaricata di proteggerle e io provavo senso di colpa e vergogna perché non ero in grado di farlo. Quelle sensazioni stavano per diventare ancora più acute.

Nel frattempo, non potevo fare altro che affidarmi a me stessa, una piccola anima tenuta insieme da un impegno sempre più rigido e dettato delle regole del passato. Di fronte alla perdita di tutto il resto, per me era divenuto ancora più importante aggrapparmi a concetti come onestà e giustizia, alla differenza tra ciò che era giusto e ciò che era sbagliato. In quel momento, e da quel punto di vista, attenzione e rigidità erano una zattera di salvataggio. Mi teneva in piedi e dava significato a un mondo altrimenti oscuro e minaccioso. Regole e senso di giustizia erano tutto ciò che mi era rimasto del mondo che mi era stato strappato via.

UNDICI
PERDERE ANNE

Dovevamo attraversare quattro frontiere: quella tra Polonia e Cecoslovacchia, quella tra Cecoslovacchia e Germania dell'Est, quella della Germania dell'Ovest, la più difficile, e infine quella belga, dove ci era stato detto che ci stava aspettando nostra madre.

Le prime due erano interne alla Cortina di ferro; la terza, quella della Germania occidentale, significava abbandonare il controllo sovietico per l'Occidente, per cui era la più difficile e pericolosa. In verità, la cattura sarebbe stata la fine in qualsiasi caso. La differenza stava solo nel fatto che l'arresto su un confine sovietico molto probabilmente avrebbe significato morte istantanea per tutti noi; se fossimo stati catturati in Occidente, invece, saremmo stati prima deportati in Cecoslovacchia. Per zio Ian il risultato finale sarebbe stato lo stesso. Noi saremmo state spedite per sempre nel cuore dell'Unione Sovietica. I nostri genitori e la nostra famiglia non avrebbero mai saputo più nulla di noi.

Il primo confine fu relativamente facile. Sia la Polonia che la Cecoslovacchia erano sotto il controllo sovietico. I Carpazi formavano un confine naturale tra i due Paesi e non era insolito vedere visitatori, turisti e viaggiatori inclusi. Zio Ian conosceva molto bene il terreno e i passi di montagna che dovevamo attraversare. Inoltre conosceva i "rifugi" dove potevamo passare la notte, e aveva familiari e amici a cui poteva rivolgersi. In Cecoslovacchia eravamo relativamente al sicuro perché zio Ian era un cittadino autoctono e aveva un passaporto. A volte riuscivamo a fare un breve tratto su un treno o su un carro di fieno.

La Germania orientale fu più complicata, perché le spie e i contrabbandieri erano ovunque e un cittadino ceco che viaggiava con tre bambine polacche senza documenti adeguati avrebbe dovuto dare molte spiegazioni. Dovevamo tenerci lontano dagli occhi non solo dei soldati e della polizia, ma anche dei civili che avrebbero potuto segnalare sconosciuti sospetti alle autorità.

Da lì in poi il viaggio diventò progressivamente più pericoloso e più faticoso. Era più difficile procurarsi il cibo ed era necessario viaggiare soprattutto di notte, sempre a piedi. Per di più faceva sempre più freddo e noi avevamo solo vestitini e maglie leggere.

Raggiunto il confine con la Germania occidentale, zio Ian trovò improvvisamente una terribile sorpresa. A differenza degli attraversamenti precedenti, questo, oltre al filo spinato, aveva un fossato profondo e pieno d'acqua che arrivava fino alla vita. Sarebbe stato impossibile per me attraversare da sola, e lui non poteva portarci tutte e tre in una volta. Deve essere stato un dilemma terribile per lui, ma era votato alla sopravvivenza e non aveva intenzione di arrendersi. Sapeva che doveva muoversi in fretta perché indugiare, nei pressi di qualsiasi confine e di questo in particolare, significava disastro sicuro. Perciò escogitò un piano.

Sapeva che, essendo io la più grande, ero quella che aveva una maggiore comprensione dell'entità del pericolo, motivo per cui ero la più terrorizzata. Decise che non poteva lasciarmi da sola. Non era sicuro di Helen, ma sapeva che Anne, che non aveva ancora tre anni, era quella che ne capiva di meno e che avrebbe provato meno panico. Decise di attraversare prima con lei, per poi tornare a prendere Helen e me.

Eravamo rannicchiate insieme sotto una recinzione a poca distanza dal confine, nascoste da cespugli. Il messaggio dello zio Ian era chiaro. Dovevamo rimanere lì in silenzio e aspettare il suo ritorno senza muoverci. Se fossero arrivati uomini armati, saremmo dovute rimanere ancora più immobili, per far sì che non ci trovassero. Era notte fonda e il cielo era nero, ma c'era una luna piena che gettava una luce inquietante su ciò che ci circondava. Ero terrorizzata.

"Hai sentito quel rumore?" Sussurrai a Helen.

"No", rispose lei.

Rimanemmo in silenzio. Improvvisamente, lo sentii di nuovo.

"Helen, sento un rumore, tu non lo senti?"

"No, stai zitta", rispose lei.

Ma ora il rumore c'era... *e si stava avvicinando nella nostra direzione.*

"Helen", piansi. "Sento i cani che abbaiano. Stanno venendo a prenderci."

"Zitta", ripeté lei. "Preghiamo."

Ci tenemmo per mano e ripetemmo febbrilmente, più e più volte:

Angelo di Dio, che sei il nostro custode...

E: *Ave Maria, piena di grazia...Santa Maria, Madre di Dio, prega per noi peccatori, ora e nell'ora della nostra morte....*

Non volevamo che pregasse per noi nell'ora della nostra morte, ma piuttosto che ci salvasse da quel destino spaventoso. Tuttavia, quelle erano le uniche preghiere che conoscevamo e che rispondevano meglio al nostro bisogno immediato.

I cani continuarono ad abbaiare e il suono continuò ad avvicinarsi. Ripetemmo le preghiere molte volte e per molto tempo. Improvvisamente, il rumore si fermò.

Rimanemmo sedute in un silenzio pieno di terrore. Poi sentimmo avvicinarsi dei passi cauti. Avevo il cuore in gola e

Helen mi stava stringendo con tutte le sue forze. Con grande sollievo, riconoscemmo la figura di zio Ian nell'oscurità.

Ci prese entrambe e ci portò al fosso, dove mi fece fermare mentre portava Helen dall'altra parte. La vidi seduta sull'altra sponda mentre tornava a prendere me. La raggiungemmo e riprendemmo a camminare.

"Dov'è Anne?" Chiesi.

"Non parlare", sussurrò lui, "non è lontana da qui."

Continuammo a camminare fino a una piccola radura da cui partiva un bivio. Improvvisamente percepì la tensione dello zio. Corse avanti e iniziò a sbirciare sotto i cespugli.

"Non c'è", sussurrò con un senso di urgenza. "L'ho lasciata qui. Le ho detto di non muoversi, ma deve averlo fatto. Devo controllare il sentiero qui a sinistra. Voi due restate qui e non andate da nessuna parte."

Obbedienti, ci sedemmo. Io ero devastata. Non avrei dovuto permettere che ciò accadesse. Avevo lasciato che mia sorella si perdesse.

Zio Ian tornò poco dopo, da solo.

"Non riesco a trovarla, ma non possiamo restare qui. Non siamo al sicuro. Dobbiamo andare avanti."

"Hai perso Anne", sussurrai con rabbia. "Non possiamo andare avanti. Prima devi trovarla."

Lui prese in braccio Helen. "È troppo pericoloso rimanere qui. Verremo uccisi tutti quanti. Rimani, se vuoi. Noi ce ne andiamo."

Li vidi scomparire tra gli alberi.

Fu un momento terribile. Stavo cercando di comportarmi nel modo più corretto, di adempiere alle mie responsabilità. Eppure, per quanto ci provassi, ero destinata a fallire. Non potevo costringere lo zio a fare la cosa giusta, ossia trovare Anne o a morire nel tentativo. Ancora una volta, non avevo alcun potere.

Qualcosa si spezzò dentro di me, e io scivolai nel panico. Sapevo che era sbagliato abbandonare la sorellina che mi era stata affidata, ma ero troppo spaventata e non avevo abbastanza coraggio per fare la cosa giusta. Proprio come avevo ceduto alla fame e avevo mangiato le mele rubate, cedetti allora alla paura e corsi dietro allo zio. Stavo diventando una persona che non mi piaceva, ma stavo anche diventando più insensibile e la cosa mi preoccupava di meno.

Non erano molto più avanti e li raggiunsi rapidamente. Almeno lo zio non mi umiliò con una predica, e camminammo in silenzio per quasi un'ora. Improvvisamente, sentimmo un fruscio di foglie poco davanti a noi. Zio Ian ci nascose velocemente in mezzo ai cespugli e strisciò furtivamente in avanti per indagare.

Pochi minuti dopo, tornò di corsa con Anne tra le braccia. Per miracolo aveva scelto la strada giusta e vi era rimasta. C'era mancato poco.

Caricare una bambina di un compito che non potrebbe mai essere in grado di adempiere non può che schiacciare lo spirito. Il mio senso di giustizia già ben sviluppato mi si rivolse contro e iniziai a incolpare me stessa. Più e più volte non ero stata in grado di fare la cosa giusta.

Stavo iniziando a vedermi in una luce negativa. Tuttavia, poiché nulla sembrava avere più senso e la vita non stava seguendo le regole con cui ero cresciuta, poiché non avevo il potere di sistemare le cose, iniziai a smettere di curarmene. Cominciai a diventare insensibile nei confronti delle mie emozioni perché erano tutte dolorose. Quello di cui non mi rendevo conto, allora, era che quell'intorpidimento, se da una parte mi proteggeva dal dolore, dall'altra avrebbe anche offuscato qualsiasi sentimento positivo di gioia e felicità.

DODICI
L'ARRIVO IN BELGIO

Sembrava che fossero passati mesi da quando la nonna ci aveva abbandonate in quell'appartamento con Ian. Il viaggio ci era sembrato infinito, anche se in realtà era durato solo tre settimane. Avevo fame e freddo, e, soprattutto, ero molto stanca.

Ero stanca di vivere nel terrore della cattura. E, nel senso più semplice e umano del termine, mi facevano male le gambe e i piedi. Non mi sembrava giusto che lo zio portasse sempre in braccio Anne, e a volte Helen, ma mai me. Sapevo che era perché ero la più grande, ma continuava a non sembrarmi giusto.

Dopo aver attraversato il confine della Germania occidentale, quello più difficile e pericoloso, le nostre vite divennero leggermente più facili. La guerra era finita da tre anni, ma l'Europa era ancora piena di persone rifugiate e sfollate che cercavano di farsi strada verso le loro case o di trovarne di nuove. Zio Ian parlava il tedesco e questo gli permise di farsi notare poco. Viaggiare con tre bambine molto piccole che parlavano soltanto il polacco, tuttavia, rappresentava un pericolo. Dovevamo continuare a tenere un profilo basso.

Subito dopo l'attraversamento dell'ultimo confine, quello con il Belgio, lo zio cominciò a mostrare i primi segni di rilassamento. Il volto gli si riempì di luce e iniziò ad accelerare il passo. Eravamo in un territorio più sicuro, più lontani dal blocco sovietico e finalmente in dirittura d'arrivo. Sebbene io e le mie sorelle non ne avessimo capito le ragioni, fummo in grado di percepire la diminuzione della tensione. Tuttavia, anche se avevamo più cibo, il lungo viaggio aveva lasciato il segno.

Eravamo tutte prossime all'esaurimento delle forze. La fame, il freddo, la mancanza di sonno e la paura costante avevano represso e prosciugato le nostre energie e la nostra naturale vivacità. Eravamo diventate fantasmi delle nostre personalità precedenti – bambine tranquille, misurate, obbedienti, che non avevano nulla in comune con le bambine chiassose che eravamo state. Eppure, sorprendentemente, nei capelli avevamo ancora gli stessi fiocchi che indossavamo all'inizio del viaggio.

Anche se non l'avevo detto ad alta voce, non credevo che ci stesse portando dai nostri genitori. La verità era che per me avevano perso sostanza e realtà. Né desideravo tornare ai miei giocattoli e alla sicurezza familiare e domestica. Per qualche motivo, anche quel ricordo era diventato lontano e irreale. L'unica cosa che mi interessava era raggiungere la fine del viaggio. Volevo un letto caldo in cui dormire e cibo a volontà ogni volta che avevo fame. E, soprattutto, non volevo più camminare. Volevo solo riposare, e che qualcuno mi portasse in braccio. Volevo sentirmi al sicuro. Mi sentivo più vuota di quanto mi fossi mai sentita nella mia giovane vita. Morta, in un certo senso.

Col senno di poi, desideravo anche liberarmi del pesante fardello della responsabilità per le mie sorelle. Avevo bisogno che un adulto, un adulto qualsiasi, si assumesse quella responsabilità per *me*. Volevo qualcuno che facesse da genitore *a me*, che si prendesse cura di un bambina non ancora di sei anni, ma che per molti aspetti era stata costretta a portare le preoccupazioni di una persona adulta.

Ci avevano promesso che Bruxelles sarebbe stata l'ultima meta di quel viaggio senza fine, e quella speranza mi motivò ad andare avanti. Bruxelles era diventata un simbolo di sicurezza, cibo, riposo e letti caldi. Alla fine sembrava che le mie speranze e i miei sogni stessero per avverarsi. Arrivammo alle porte della bellissima e splendente Bruxelles, dove ci stavano aspettando la mamma, i letti caldi e un sacco di cibo. Era tarda serata e l'ampio viale alberato era delimitato da grandi massi rotondi. Una luna luminosa proiettava un bagliore bianco sull'ambiente circostante. La strada era illuminata da lampioni alti. Era tutto talmente pulito e ordinato, talmente bello, da sembrare magico. Allora ebbi la certezza che quella sarebbe stata la fine del nostro viaggio.

Era notte e le porte della città erano chiuse. Ai lati c'erano soldati in uniforme con i fucili in mano. Ci avvicinammo e zio Ian mise giù Anne e si fece avanti. Si rivolse ai soldati.

"Passaporti", disse il soldato, in tono asciutto.

Zio Ian tirò fuori dalla tasca alcuni fogli e li porse alla Guardia. Il soldato li guardò e fece alcune domande. Consegnò i documenti al suo collega, che scosse la testa e li spinse di nuovo indietro.

"Sono falsi", disse. "Non potete entrare."

Anche se parlavano una lingua straniera, capii perfettamente ciò che avevano detto. Capii che i soldati non ci avrebbero fatto entrare, che non ci sarebbero stati né letti caldi, né cibo, né la fine della miseria delle ultime settimane. Avremmo dovuto ripetere l'intero viaggio al contrario.

Seguì un ulteriore botta e risposta e zio Ian ci indicò, cercando di discutere. Era inutile e non l'avevo mai visto così sconfitto, così scoraggiato. Sembrava stanco quanto me.

Prese in braccio Anne e iniziò ad allontanarsi, facendoci cenno di seguirlo, ma dentro di me scattò qualcosa. Non potevo più sopportare quella situazione. Mi sedetti sul masso più vicino e mi rifiutai di muovermi. Zio Ian continuò a chiamarmi e ad allontanarsi, reggendo la piccola Anne e tenendo per mano Helen, convinto che li avrei seguiti. Ma io non potevo farcela. Non mi importava più di essere abbandonata o uccisa. Ero completamente insensibile anche alla paura e non mi importava più nulla: non avevo intenzione di tornare indietro. Non ce la facevo più. Ero troppo stanca.

Le guardie mi guardarono e poi si scambiarono un'occhiata tra di loro. Dopo quella che mi era sembrata un'eternità, annuirono e chiamarono indietro zio Ian. Aprirono i cancelli e ci fecero cenno di passare.

Quando la visione del cibo e di un letto caldo divenne di nuovo una realtà nel mio cervello ottenebrato, sentii un'improvvisa ondata di energia, saltai giù dal masso e seguii lo zio e le mie sorelle in città. Dopo aver attraversato per settimane città devastate dalla guerra e villaggi sperduti fuori dai sentieri battuti, Bruxelles sembrava un posto da favola. I viali ampi erano illuminati da lampioni alti. Non c'erano persone dall'aspetto trasandato che si aggiravano ovunque. Ogni luogo sembrava sicuro e invitante.

"Quanto manca?" Chiesi a Ian, tirandogli la manica.

Indicò un autobus fermo all'angolo.

"Prendiamo quello."

"Ma è sicuro? E se ci prendono?" Non vedevo l'ora di prendere un mezzo invece di camminare, ma non mi sentivo ancora tranquilla.

"No, ora siamo al sicuro", sorrise.

Salimmo sull'autobus e mi guardai intorno piena di curiosità. Le persone parlavano una lingua che non capivo, ma quella era stata una costante durante l'intero viaggio. Erano tutti impegnati nelle loro conversazioni e non ci prestavano un minimo di attenzione. Era un sollievo. Forse quell'autobus era davvero un posto sicuro. Le rassicurazioni dello zio non bastavano a convincermi. Dopotutto, sapevo per esperienza che gli adulti mentivano spesso e che di loro non ci si poteva fidare. Era meglio restare all'erta. Con mio grande sollievo, nessuno sembrava badare a noi.

Qualcosa era cambiato in me durante il viaggio. I miei obiettivi erano diventati la sicurezza e la sopravvivenza.

Il viaggio in autobus durò a lungo e le mie sorelle si

addormentarono esauste, ma io no. Avevo bisogno di restare vigile e di registrare quanto più possibile dove stavamo andando. Ero ancora in uno stato di allerta e pronta per un'eventuale fuga.

L'autobus si fermò di fronte a un bell'hotel. C'erano alberi intorno all'ingresso, e davanti alla porta di bronzo c'era un portiere in uniforme.

"Spero che ci lasci entrare", pensai. Sembrava un buon posto dove stare e il mio cervello stanco venne inondato da visioni di cibo e letti caldi. Lo zio parlò con il portiere e gli mostrò i documenti. Per un momento stavo per entrare in preda al panico. Erano le stesse carte che non erano piaciute ai soldati. Mi chiedevo perché non ne stesse mostrando altre al portiere. Ma le mie paure erano infondate e la porta si spalancò per farci entrare.

Attraversammo come in sogno l'atrio ornato di marmo e passammo sotto i pesanti lampadari di ottone fino a raggiungere la scrivania.

"Potete riposarvi su queste sedie mentre parlo con la signora, così le chiedo di preparare una stanza."

Quale stanza? Volevo solo mangiare e dormire, ma sapevo che avrei dovuto aspettare perché le risposte si rivelassero da sole. Ma sentivo anche tensione. Ci cacciammo tutte e tre su una delle grandi sedie imbottite, trovando calore e conforto nel rannicchiarci insieme. Sebbene la stanza fosse abbastanza calda, i nostri corpi ricordavano ancora il freddo e l'umidità che li aveva pervasi nelle lunghe notti e giornate trascorse all'aperto, per cui volevamo ottenere quanto più calore era possibile.

Non dovemmo aspettare molto. Zio Ian ci portò subito in una sala da pranzo, vuota a quell'ora della notte, e ci sedemmo a un tavolo. La piccola Anne era agitata e io la tenni in braccio sulla sedia ampia e comoda. Per la mia gioia, ci venne servita una zuppa calda con pane e burro. Eravamo al settimo cielo. Tra il calore e il senso di pienezza, facevamo fatica a tenere gli occhi aperti, ma lo zio stava parlando e io mi sforzai per capire tutto. Ci disse che nostra madre non c'era, che era dovuta andare via e ci stava aspettando con papà in un posto chiamato America. Il fatto che la mamma non fosse lì non fu una sorpresa. Non avevo mai creduto a quella favola.

"Io non cammino più", dissi. "Mi piace questo posto. Preferisco stare qua."

Lui si mise a ridere. "Non dovrai andarci a piedi in America."

"Possiamo andare a dormire adesso?" Domandai, dato che le mie sorelle si stavano appisolando di nuovo e io stessa stavo incontrando grandi difficoltà a rimanere sveglia.

Non mi importava molto dell'America. Anzi, non me ne importava affatto. Non mi aspettavo che la mamma fosse in Belgio e non mi aspettavo che fosse in un posto chiamato America. Ci era stato detto troppe volte e inutilmente che li avremmo visti. Quella speranza smise di far parte della mia realtà. Non era più quello che desideravo. Volevo soltanto un posto caldo e con un sacco di cibo che fosse al sicuro dalle persone cattive che volevano farci del male. L'hotel in cui eravamo sembrava quel tipo di posto e per il momento ero contenta. Volevo solo dormire.

Apparve una ragazza in uniforme. Sorrise e raccolse Anne, che dormiva.

"Questa signora vi porterà nella vostra stanza. Potrete dormire quanto vorrete", disse zio Ian. Dal nulla, piantò un bacio sulla fronte di Anne e poi abbracciò me e Helen.

"È giunto il momento di dirvi addio."

"Tu dove vai a dormire?" Chiesi, turbata dalla serietà delle sue parole.

"Io devo tornare indietro", rispose.

Allora capii. Anche lui ci avrebbe abbandonate. Come la mia amata Danda, i nostri genitori e nostra nonna. Stava per lasciarci sole ad affrontare l'ignoto. Stava per lasciarmi sola con la responsabilità delle mie sorelle.

"No", gridai, afferrandogli la giacca. "No, non andartene."

"Devo. Ma siete al sicuro ora, e andrà tutto bene. Presto andrete in America e starete con vostra madre e vostro padre.

Domani arriverà un'amica di vostra madre che si prenderà cura di voi. Andrà tutto bene, fidati di me."

Si chinò per darmi un bacio e liberare la giacca dalla stretta della mia mano. Poi si allontanò rapidamente.

Non gli credevo, ma non avevo modo di fermarlo. Capii che qualsiasi resistenza sarebbe stata inutile. Nonostante la paura di essere lasciata sola con le mie sorelle, ancora una volta in balìa di estranei, sapevo di non avere il potere di farlo rimanere. Senza dire una parola, seguii la ragazza verso un ascensore.

Salimmo alcuni piani e poi percorremmo un corridoio con i piedi che affondavano nel tappeto morbido. La ragazza aprì una porta e vidi un grande letto con lenzuola bianche e coperte calde. Rimasi come incantata, mentre la ragazza ci toglieva i vestiti e ci sistemava a letto. Venimmo avvolte dal calore e io scivolai in un lungo sonno senza sogni.

Molte ore dopo, mi svegliai sentendo Helen e Anne che si stavano agitando. Il sole splendeva luminoso attraverso le lunghe finestre. Non mi sentivo così riposata da molto tempo, ma avevo comunque molta fame. Anne voleva la colazione e Helen si unì alla richiesta. Eravamo tutte pronte per mangiare!

C'era solo un problema. Eravamo completamente nude e avevo un vago ricordo della sera prima e della ragazza in uniforme che, prima di rimboccarci le coperte, ci aveva tolto i vestiti che avevano raccolto lo sporco di tre settimane. Quei vestiti erano spariti. Decisi che dovevamo trovare qualcuno.

E così uscimmo dalla stanza e attraversammo il corridoio coperto di moquette dirette verso l'ascensore. Conoscevo la strada perché l'avevo memorizzata con cura la sera prima. L'ascensore era in stile europeo: non aveva una porta solida, ma una griglia aperta. Non sapevo come farlo funzionare. Decisi di aspettare che qualcuno salisse o scendesse e chiedere aiuto.

Poco dopo si udì il rumore della porta dell'ascensore che si apriva e si chiudeva su un piano più in alto. Il ronzio annunciò che la macchina era in funzione. Quando arrivò al nostro piano, gridai "Aiuto!" in polacco. Nell'ascensore c'era un signore dalla postura molto dritta e rigida, che portava un bastone e indossava un abito formale, un cappotto, una sciarpa e un cappello.

Il suo viso venne attraversato da uno sguardo di stupore e costernazione. Alla vista di tre bambine nude, i suoi occhi si spalancarono. Borbottò qualcosa e continuò la sua discesa.

Sentendo che al quarto piano c'erano tre bambine nude in libertà, la cameriera si affrettò con i nostri vestiti. Ci vestimmo e finalmente andammo a fare colazione. La nostra vita stava migliorando.

Quella sera, sul tardi, arrivò un'amica di mia madre da Parigi. Parlava polacco e ci spiegò che si sarebbe presa cura di noi fino a quando non saremmo potute andare dai nostri genitori. Lasciai perdere quell'ultima parte, ma ero contenta che la nostra nuova custode potesse comunicare con noi in polacco. Ci assicurò che non saremmo dovute andare da nessuna parte e che saremmo rimaste al sicuro in quell'hotel, con un letto caldo e un sacco di cibo, e a me bastava sapere quello. Non credevo che sarebbe durato, ma per il momento la vita era decisamente migliorata.

La vita in hotel era un salto di qualità talmente grande rispetto alle privazioni di cui avevamo sofferto durante il nostro viaggio, che per un po' non ho avuto nulla di cui lamentarmi. Tuttavia, quando i giorni si trasformarono in settimane, iniziammo a pensare che saremmo rimaste lì per sempre. L'hotel cominciò a sembrare più una prigione, per quanto ornata e lussuosa. Il letto caldo e il cibo abbondante non erano più sufficienti. Per la prima volta tornai a desiderare ardentemente una casa come quella che avevo avuto e perso. Mi mancavano i miei giocattoli, il giardino e la grande famiglia allargata. Mi mancava mio cugino Andy, che veniva spesso a giocare con noi. Quando chiedevo alla "zia" quando saremmo tornate a casa, lei mi spiegava che saremmo andate in una casa nuova, dai nostri genitori, in America.

Ma io non volevo una casa nuova. Non volevo andare in "America", qualunque cosa fosse. Volevo andare a casa. Ormai avevo imparato che dovevo tenere tutto per me. Piangere era pericoloso. C'è solo una foto di quel Natale passato a Bruxelles che rivela la realtà dei nostri sentimenti. Mostra i volti di tre bambine tristi e spaventate. Una di loro era tesa come una molla, in attesa che accadesse il peggio.

Ero completamente priva di risorse emotive. Non potevo avere fiducia negli adulti e sapevo di essere da sola. Ma ormai sapevo anche che non potevo controllare gli eventi, le altre persone o persino le mie stesse azioni. La sensazione di paura era opprimente. Così come quella di fallimento, perché quando venivo sopraffatta dalle circostanze non ero in grado di fare la scelta giusta.

Sapevo che qualunque cosa sarebbe successa a quel punto sarebbe stata completamente fuori dal mio controllo. Ero come un animale in gabbia che cerca solo di anticipare ed evitare il pericolo, di sopravvivere. O come un prigioniero che cerca a ogni costo di evitare altre torture.

Ero entrata in uno stato di allerta e diffidenza costante.

TREDICI
FINE DEL VIAGGIO

Nonostante le apparenze, i miei genitori non ci stavano affatto prendendo in giro. Quando erano in Svizzera gli era stato comunicato che non sarebbero potuti tornare in Polonia, e loro avevano iniziato immediatamente a informarsi su come avrebbero potuto tirare fuori noi. All'insaputa delle autorità, papà aveva lasciato la Polonia con trecentomila dollari americani, un terzo di sua proprietà e due terzi delle sue due sorelle. Nel 1939, prefigurandosi che la guerra avrebbe potuto fargli perdere la maggior parte della sua fortuna, mio nonno aveva dato a ciascuno dei suoi cinque figli centomila dollari americani. Quando mio padre si stava preparando a lasciare il Paese, due delle sue sorelle gli chiesero di prendere anche la loro parte per tenerla al sicuro, magari in una banca straniera. Insomma, aveva dei contanti.

I miei genitori avevano trovato un professionista del traffico di profughi – qualcuno che aveva scortato con successo diverse persone fuori dai paesi della Cortina di ferro – e lo avevano assunto per accompagnare noi e la nonna fuori dalla Polonia. Loro sarebbero dovuti rimanere a Bruxelles, nell'hotel concordato, in attesa di ulteriori comunicazioni da parte sua.

Tuttavia, iniziarono immediatamente a incontrare problemi.

Mio padre non fu in grado di ottenere un visto per rimanere in Belgio, per cui venne deciso che lui avrebbe preso un aereo per New York, mentre mia madre sarebbe rimasta a Bruxelles ad aspettarci. Fecero così e mia madre aspettò a lungo di ricevere notizie del nostro arrivo. Dopo diverse settimane di silenzio, ricevette una telefonata dal trafficante che le chiedeva di ottenere dei passaporti falsi per noi. Mia madre era sconvolta e inorridita. Era in un Paese straniero, non aveva alcun contatto e non aveva idea di come ottenere documenti falsi. Dopo averglielo fatto notare, gli ricordò anche dei diecimila dollari che aveva chiesto e ricevuto e che avrebbero dovuto coprire tutte le spese per il nostro viaggio. Lui aveva detto che avrebbe provato a risolvere.

Poi arrivarono la seconda, la terza e la quarta chiamata. Insisteva sul fatto che senza documenti falsi non poteva portarci da nessuna parte. Mia madre iniziò a preoccuparsi che quelle chiamate potessero metterla nei guai. A quei tempi non esistevano ancora le connessioni automatiche e dirette, e ogni chiamata doveva passare attraverso un operatore che poteva ascoltare a piacimento. Gli disse di smettere di chiamare, e quella fu l'ultima volta che lo sentì. I soldi erano spariti ed erano tornati al punto di partenza.

Non so come abbiano trovato lo "zio Ian". Era un giovane studente dell'Università di Praga che accompagnava i clandestini dai Paesi comunisti verso l'Occidente. Finita la guerra, era in procinto di sposarsi. Aveva bisogno di soldi, e quello doveva essere il suo ultimo viaggio. La sua fidanzata voleva che abbandonasse quelle attività pericolose. Nonostante le suppliche della mamma, si rifiutò assolutamente di prendere la nonna. Sentiva di non potersi occupare in sicurezza di tre bambine e di una signora anziana. Venne assunto e la mamma ricominciò a sperare e ad aspettare.

Sfortunatamente, aveva avuto ragione nel temere problemi a seguito delle chiamate precedenti.

Uno degli operatori telefonici dell'hotel era polacco e aveva ascoltato. Aveva riferito alla polizia di aver sentito parlare di passaporti e documenti falsi. Mia madre venne convocata per un interrogatorio, sospettata di essere una spia. Disse la verità e le autorità dovevano averla trovata credibile, perché non venne arrestata. Tuttavia, quando arrivò il momento di rinnovare il suo visto turistico di tre mesi, la richiesta venne rifiutata e lei dovette lasciare il Paese. Aveva un visto per gli Stati Uniti e non aveva avuto altra scelta che raggiungere papà a New York.

Prima di partire aveva preso accordi con l'hotel perché al nostro arrivo chiamassero una sua amica polacca che viveva a Parigi. L'amica aveva accettato di recarsi immediatamente a Bruxelles e di prendersi cura di noi fino a quando non avessimo potuto prendere un volo per raggiungere i nostri genitori negli Stati Uniti, se mai fossimo arrivate.

La mamma aveva ricevuto un segnale segreto dalla famiglia come conferma della nostra partenza dalla Polonia, ma non potevano esserci ulteriori notizie o comunicazioni fino al nostro arrivo a Bruxelles. Non c'era modo di sapere quando, o se ne saremmo uscite sane e salve. Non potevano fare altro che pregare, sperare e aspettare notizie.

Peraltro, non avevamo ancora passaporti o documenti legali. Le guardie di frontiera avevano riconosciuto i documenti falsi che aveva usato per noi lo zio Ian, e non sarebbe stato possibile usarli per entrare negli Stati Uniti. I nostri genitori impiegarono settimane a cercare di risolvere quella particolare difficoltà in modo creativo, e ci vollero più di due mesi perché potessimo finalmente salire su un aereo diretto a New York.

La fatidica serata arrivò alla fine del gennaio del 1949. Fummo portate in aeroporto e caricate su un aereo. La zia ci diede un bacio d'addio e ci disse ancora una volta che stavamo andando dai nostri genitori. Una bella signora che parlava qualche parola di polacco ci avrebbe portato da loro. Si trattava della hostess (ora assistente di volo). Io mi chiedevo dove stessimo andando veramente.

Non ero mai stata su un aereo prima d'allora. Una coppia seduta dall'altra parte del corridoio parlava polacco e ci prese sotto la sua ala. La signora sembrava molto gentile e rispose alle mie domande sul cibo e sul bagno, che erano le questioni di importanza immediata. L'assistente di volo ci portò degli snack da sgranocchiare e così capii che non avremmo sofferto la fame. La cabina era calda e i sedili erano comodi. Rimasi in attesa di vedere cosa sarebbe successo dopo.

L'aereo decollò. Poco dopo l'assistente di volo ci portò la cena. Con la pancia piena, ci sistemammo per dormire. Ci svegliammo nella luce grigia del mattino e la hostess ci portò la colazione. La signora dall'altra parte del corridoio mi disse che non mancava molto. Presto saremmo atterrati a New York.

Cominciai a chiedermi se quello che ci era stato detto così tante volte fosse vero, dopotutto. Stavamo davvero andando dai nostri genitori? Fino a quel momento avevo liquidato quella possibilità come una bugia, ma ora la stavo contemplando. Poteva essere vero? Ci avrebbero riportate a casa? Pensai a loro, li immaginai nella mia mente, e all'improvviso, per la prima volta dopo molti mesi, sperai che fosse vero. Volevo rivederli.

L'aereo prese a girare in tondo e io chiesi alla signora gentile quando saremmo atterrati. Mi spiegò che c'era un problema. A quanto pareva, a terra c'era molta nebbia e molti aerei avrebbero dovuto aspettare in fila prima di poter atterrare. Anche noi dovevamo aspettare il nostro turno. Ci venne detto che ci sarebbe potuto volere un po' di tempo.

Dopo circa un'ora di volo sopra l'aeroporto di Idlewild (ora Kennedy), arrivò un annuncio dall'altoparlante della cabina. La signora me lo tradusse. Per via della nebbia e del grande numero di aerei in attesa di atterrare a New York, il nostro pilota aveva deciso che saremmo atterrati a Boston. La signora mi rassicurò e mi disse che ci avrebbero messi tutti su un treno per New York e che lì avremmo trovato i nostri genitori. A me non importava. Era solo un altro episodio delle nostre sventure di viaggio, ma almeno questo non sembrava pericoloso come quelli precedenti. Ci davano da mangiare quando avevamo fame, avevamo un posto caldo dove dormire e, soprattutto, non dovevo camminare per giorni.

Atterrammo a Boston e ci fecero salire su un treno. La coppia simpatica e l'assistente di volo gentile vennero con noi. Era confortante sentire che si prendevano cura di me e mi tenevano al sicuro. Ci diedero di nuovo del cibo caldo. Avevo imparato a seguire la corrente, anche se non avevo idea di dove ci stesse portando.

Alla fine arrivammo a New York e ci condussero verso due persone che stavano avanzando verso di noi con grande entusiasmo. Io tenevo entrambe le mie sorelle per mano e feci un passo indietro. Le guardai attentamente e per un momento non fui sicura. Poi la mamma chiamò il mio nome. Guardai meglio e capii che erano loro. Helen non era convinta.

"Sei sicura?" mi chiese.

"Sì", le risposi. "Riconosco la camicetta della mamma, quella di seta marrone."

"E papà?" continuò lei, con la voce piena di incertezza.

"È lui. Ha un buco sulla mano." In effetti, a causa di una ferita di guerra, la mano di papà era deformata in un modo particolare, e io lo riconobbi da quel segno.

Lei annuì e ci avvicinammo per un abbraccio esitante. Quando la mamma cercò di prendere la mano di Anne, però, la bimba iniziò a urlare. La afferrai rapidamente e la misi tra me e Helen. Anne aveva solo un anno quando aveva visto per l'ultima volta i nostri genitori, e per lei erano dei perfetti sconosciuti. Io ed Helen li avevamo riconosciuti come i nostri genitori, ma ci sarebbe voluto molto tempo per relazionarci a loro in quanto tali. Al di là di quali fossero i nostri sentimenti in quel momento, quello era l'inizio di un capitolo completamente nuovo nelle nostre giovani vite.

Aveva tutta l'apparenza di un lieto fine. Tre bambine piccole erano state riunite con i genitori e ora avrebbero potuto godersi una vita nuova, in un paese nuovo, e nella sicurezza di una casa nuova, finalmente felici e al sicuro. Ma c'erano bagagli emotivi che rimanevano ignorati e irrisolti.

Io soffrivo di incubi e di gravi episodi di ansia. Avevo paura del buio e della solitudine. I semi dell'insicurezza e della sfiducia erano stati piantati, e molto in profondità. Avrebbero continuato a germogliare e a causare danni.

E, come se i fardelli del passato non fossero stati sufficienti, mi stava per essere affidata l'ennesima missione impossibile. Per me l'incubo non era ancora passato. E non lo sarebbe stato per molto, molto tempo.

PARTE DUE
VIVERE NELL'OSCURITÀ

Tutti i sopravvissuti delle guerre si portano dietro gli effetti e le cicatrici del trauma. Io, avendo allora solo sette anni, ero abbastanza giovane e resiliente. Avrei potuto superare tutto, se solo le circostanze fossero state diverse e favorevoli. Sfortunatamente, non è stato così. Io e le mie sorelle non eravamo le uniche a portare con noi il peso del trauma.

Ero molto giovane quando papà mi fece leggere un libro intitolato *"Kamienie na Szaniec"*. Era stato scritto da un partigiano di Varsavia e conteneva descrizioni molto vivide delle atrocità commesse dai nazisti contro i membri della resistenza polacca durante gli anni dell'occupazione. Leggendolo ho imparato che cosa sono i testicoli e come venivano schiacciati dagli stivali della Gestapo; delle unghie strappate e di un'altra miriade di torture vivide e inimmaginabili. Il libro conteneva nomi e disegni. Mio padre mi indicò i ragazzi che aveva conosciuto personalmente, gli amici che aveva perso. Ero profondamente traumatizzata, eppure non riuscivo a smettere di leggere. Dovevo sapere.

I miei genitori e tutti gli adulti con cui dovevo crescere

avevano sofferto molto più di me. Avevano perso famiglia, amici, casa e paese in circostanze orribili. Le loro vite erano state devastate, prima dalla guerra e poi dall'occupazione sovietica. Non erano arrivati in America per scelta, in cerca di una vita migliore. Vi erano arrivati per necessità, nella speranza di sopravvivere e resistere fino a quando la Polonia non sarebbe stata libera dal giogo comunista e non sarebbero potuti tornare a ricostruire il loro paese e le loro vite. Non si sono mai considerati residenti permanenti, ma piuttosto ospiti temporanei di un Paese che stava fornendo loro un rifugio sicuro. L'intenzione era quella di tornare a casa.

QUATTORDICI
PICCOLA POLONIA

Sı POTREBBE DIRE che siamo cresciuti nella "Piccola Polonia", perché l'atmosfera, i costumi e le idee che avevamo intorno non avevano nulla a che fare con quelle del Paese in cui risiedevamo. Ero isolata dai miei coetanei locali e non avevo amici o compagni a parte le mie sorelle.

Frequentavamo una scuola privata eccellente, perché l'istruzione era una priorità per mio padre, ma non voleva che prendessimo l'autobus e ci accompagnava personalmente ogni mattina. Dopo la lezioni erano previsti il pranzo, una sessione in sala studio e infine un po' di sport. Quello era il momento in cui si stringevano amicizie e si socializzava con i coetanei. Dopo le prime settimane papà decise che per noi non era necessario, per cui veniva a prenderci subito dopo le lezioni.

"Papà, perché non possiamo salire sull'autobus con i nostri amici?" gli chiesi. "Vorrei davvero rimanere a pranzo a scuola. È divertente. Se vieni a prenderci subito dopo le lezioni, non riusciamo mai a giocare nel pomeriggio. Gli altri bambini pensano che siamo strane."

"Non sei strana. Sei diversa. Ed è giusto che tu sia diversa. Sei speciale. Ti sei dimenticata che siamo polacchi e non americani?"

"No, papà", sussurrai, provando vergogna per la parte di me che voleva essere come tutti gli altri.

"Bene", diceva mio padre allegramente, per chiudere l'argomento. "Non parliamone più."

La nostra abitazione era su un terreno di quaranta acri, appena fuori dal frutteto di quattrocento acri di proprietà di papà, e gli unici altri bambini raggiungibili a piedi erano quelli dei braccianti agricoli. Ma non ci era permesso giocare con loro. Non abbiamo mai avuto biciclette e non abbiamo mai imparato a pedalare perché per qualche motivo mio padre lo considerava inopportuno per delle ragazzine. Durante l'anno scolastico giocavamo tra di noi, e durante l'estate c'erano gli altri bambini polacchi che frequentavano i campi estivi scout sponsorizzati dai miei genitori. Col passare del tempo, la vita delle mie sorelle divenne un po' meno ristretta, ma io, che ero la figlia maggiore, non ho mai avuto amici americani.

Gli adulti che venivano a farci visita, o a vivere con noi per periodi di tempo più lunghi, erano tutti emigrati polacchi che, come noi, erano in attesa di tornare a casa. Molti dei nostri ospiti erano sopravvissuti dei campi di concentramento. Altri arrivavano dai campi profughi in Europa, dove erano stati ospitati dopo la guerra, e all'inizio avevano difficoltà a trovare lavoro, per cui vivevano con noi per settimane o mesi. Erano tutti traumatizzati per le esperienze e le perdite che avevano subìto, disorientati dal futuro incerto che avrebbero dovuto affrontare in una terra straniera.

Una volta venne a trovarci una signora anziana. La giornata era calda e lei si tolse il cardigan. La mia attenzione venne attirata immediatamente da una serie di numeri azzurrini tatuati sul suo avambraccio. Ero perplessa perché non avevo mai visto una cosa del genere prima, e la curiosità prese il sopravvento sulla mia timidezza.

"Che cosa sono quei numeri blu?" Chiesi innocentemente. La donna fu presa dall'agitazione e si coprì velocemente il braccio.

"Non è niente, è solo una cosa passata", mugugnò.

Provai imbarazzo nel percepire di essermi intromessa in qualcosa di privato e doloroso. Mia madre si scusò per me e mi tirò via. Mi disse che non dovevo mai chiedere alla gente di quei segni perché era troppo doloroso parlarne. In un secondo momento, le chiesi di spiegarmi quel mistero. Mi spiegò che quelli erano i numeri che i nazisti tatuavano sulle braccia delle persone quando le imprigionavano nei campi di concentramento. Era stato un periodo molto triste e terribile, per cui la gente non voleva parlarne. E io non avrei mai dovuto accennarvi.

"Ma perché lo facevano?" insistetti. "Non faceva male?"

"Certo, ma faceva molto meno male di tutte le altre cose che facevano."

"Che tipo di cose?" volli sapere.

"Li picchiavano, li torturavano, li facevano morire di fame e li uccidevano in modi orribili", rispose la mamma.

Percepii la sua tristezza e smisi di fare domande. Volevo sapere di più, e allo stesso tempo mi faceva paura. Era strano, ma in qualche modo iniziai a identificarmi con la sofferenza delle vittime. Dentro di me, sentivo vividamente la paura e il dolore che, sapevo, avevano sofferto. Per me era insopportabile, per cui mi voltai dall'altra parte e cercai di non pensarci, ma i miei incubi frequenti non mi permettevano di dimenticare.

Di tanto in tanto, una famiglia o una coppia avevano bisogno di un posto dove dormire per qualche notte e io e mia sorella dovevamo rinunciare alla nostra stanza e dormire sul pavimento del soggiorno. La cosa mi dava fastidio, e quel fastidio mi faceva sentire egoista. Forse, se le cose mi fossero state spiegate, o se mi fosse stata data voce in capitolo, mi sarei sentita diversamente. Ma si dava per scontato che dare un posto dove dormire a un senzatetto fosse la cosa giusta da fare e che non ci fosse bisogno di discuterne. L'imposizione probabilmente attivava i miei precedenti sentimenti di impotenza e non mi sentivo una persona generosa. Provavo risentimento e sensi di colpa.

"Il signore e la signora Gorski rimarranno qui stanotte. Voi ragazze dovrete rinunciare alla vostra stanza e dormire sui materassi del soggiorno", annunciava la mamma.

"Perché dobbiamo sempre rinunciare alla nostra stanza? Non è giusto", mi lamentavo io.

"Questa è la cosa più egoista che ti abbia sentito dire da un po' di tempo a questa parte. Mi stai proprio deludendo. Quella povera gente ha sofferto terribilmente e tu ti lamenti di dover rinunciare alla tua stanza per una notte? Non me l'aspettavo da te." La mamma era sconvolta e ferita per la mancanza di generosità che dimostravo. Ancora una volta, ero stata una delusione. Niente di nuovo.

In casa ci si aspettava che ci comportassimo come signorine. Non potevamo gridare o manifestare apertamente le nostre emozioni. Le risate erano tollerate solo se non troppo rumorose, ma i pianti no, né parole di rabbia o scenate di alcun tipo, e sicuramente non i capricci. L'autocontrollo era un segno di buone maniere e buon carattere. Era una cosa che veniva richiesta espressamente e che ci si aspettava di vedere.

Anche se mia madre alla fine convinse mio padre a permetterci di indossare i pantaloni lunghi quando giocavamo fuori, e persino quelli corti nel caldo estivo, a lui la cosa non piacque mai. Era impensabile presentarsi a tavola per un pasto indossando qualcosa di diverso da gonna o un vestito. A tavola i bambini non dovevano parlare a meno che non veniva rivolta loro una domanda, e qualsiasi violazione delle buone maniere incontrava un serio rimprovero.

"Papà, cosa c'è di sbagliato nell'indossare i pantaloni? Lo fanno tutti."

"Voi non siete tutti. Siete giovani donne polacche di buona famiglia e vi comporterete come tali." Un altro vicolo cieco.

QUINDICI
FUORI DAL MONDO

P<small>ER I MIEI</small> genitori era importante assicurarsi che io e le mie sorelle crescessimo identificandoci strettamente con il nostro patrimonio culturale nazionale e non cedessimo alla tentazione di diventare in alcun modo americanizzate. Era quello il motivo per cui venivamo isolate il più possibile dai nostri coetanei. Nostro padre ci accompagnava a scuola e tornava a prenderci personalmente, e non abbiamo mai partecipato a eventi sportivi o sociali. A casa non avevamo la televisione, non ascoltavamo la radio e non avevamo libri in inglese. Non avevamo alcuna connessione né con gli altri bambini, né con la cultura contemporanea. Per questo motivo ero molto diversa dai miei compagni di classe. Inoltre, per via delle mia timidezza innata che di quel senso di non appartenenza, tendevo ad essere solitaria e non ricercavo attivamente delle amicizie.

Tuttavia, mi sentivo sola e quando una delle mie compagne di classe mi invitò a unirmi ai Brownies venni presa dall'entusiasmo. Era una cosa che mi avrebbe dato la possibilità di farmi degli amici e fare cose divertenti.

"Mamma," gridai entrando a casa, "posso unirmi ai Brownies?"

"Non penso proprio", rispose lei. "Sei una ragazza scout polacca".

Il che era vero, naturalmente. Ci avevano iscritte appena ne avevamo avuto i requisiti. Mia madre era stata una Guida Scout a Varsavia, una capo-squadra, e i miei genitori erano entusiasti sostenitori dello scoutismo polacco in America come mezzo per addestrare ed educare i giovani polacchi nella loro missione di patrioti. Dovevamo essere ben informati sul nostro Paese, tenaci, disciplinati, completamente dediti alla causa e avere buone capacità di sopravvivenza, nel caso in cui avessimo dovuto combattere. Lo scoutismo polacco era la sfida perfetta per affinare queste abilità.

Ero diventata una scout all'età di nove anni e andai a fare il primo campeggio. Fu una grande avventura, e all'inizio fu anche divertente. Mi sentivo a casa tra i miei coetanei. Non ero diversa. Non ero una straniera. Non ero l'"Altro". Parlavamo tutti la stessa lingua, cantavamo le stesse canzoni ed eravamo cresciuti con le stesse storie. Avevamo gli stessi valori, le stesse speranze e gli stessi sogni di una Polonia liberata e del nostro posto nel suo futuro.

Ma volevo anche provare qualcosa di nuovo e diverso, incontrare altri bambini.

"Perché no, mamma? Perché non posso fare entrambe le cose? Sembra divertente, e i campeggi delle ragazze scout polacche sono solo in estate. I Brownies americani si incontrano tutto l'anno. Posso farmi degli amici."

"Ma tu *non* sei americana. Sei *polacca*. Sarebbe una grande delusione per me e tuo padre, se dovessi dimenticartelo."

"Non lo dimenticherò mai, mamma. È solo per divertimento. Ti prego, ti prego, lasciami andare."

La risposta fu no. Quando chiesi a papà perché no, ebbi la solita risposta: "Perché lo dico io."

Non c'era nient'altro da dire. Era chiarissimo. I miei genitori avevano un'unica grande missione che abbracciava ogni cosa e dava scopo alle loro vite: volevano assicurarsi che ciò che era successo alla Polonia e alla sua gente, specialmente a coloro che avevano perso la vita, non venisse mai dimenticato. Ricordarlo era un dovere sacro.

Per noi, che eravamo le loro figlie, questo significava essere cresciute come delle buone patriote polacche che sarebbero tornate a ricostruire il paese. Per prima cosa, i nostri genitori hanno resistito e ci hanno insegnato a resistere a qualsiasi tentazione di perdere o rinunciare alla nostra identità polacca per diventare americani.

Quel messaggio mi era arrivato così bene che, quando i miei genitori decisero di diventare cittadini naturalizzati per motivi pratici, io rimasi sconvolta e mi rifiutai. Mi spiegarono che avremmo mantenuto la cittadinanza polacca, ma a me sembrò un tradimento. Sui documenti di naturalizzazione, il mio viso giovane pieno di rabbia mostrava quanto quella cosa mi avesse turbata. Ero determinata a rimanere polacca e a *non* diventare americana, e quella mossa dei miei genitori mi aveva lasciata perplessa.

Nella nostra giovane vita *tutto* puntava a educarci sul nostro Paese d'origine. In casa era consentito parlare solo la lingua polacca, e i libri che leggevamo per piacere erano tutti in polacco. Il polacco era e sarebbe rimasto la nostra lingua principale. Oltre alla ricca ed estesa letteratura autoctona, leggevamo Jack London, Kipling e altri autori inglesi nelle loro traduzioni polacche. Gli unici libri consentiti in inglese erano i libri di testo scolastici. Durante le vacanze, dei tutor ci insegnavano la storia e la geografia polacca.

Questa educazione onnicomprensiva – che si potrebbe chiamare anche indottrinamento – non era solo intensa, era anche costante.

"I miei voti sono buoni, perché dobbiamo frequentare la scuola estiva?" Ero solita chiedere, lamentandomi. "Gli altri bambini hanno l'estate libera. Giocano e basta. Perché noi non possiamo?"

"Perché non siete americane. Siete diverse. Avete la

responsabilità di imparare tutto sul vostro Paese. Un giorno ritornerai e avrai un lavoro importante da fare. Devi essere preparata."

Non voglio essere diversa, pensavo tra me e me. *È il motivo per cui non ho amici. Sono diversa da tutti gli altri bambini a scuola. Nessuna delle ragazze vuole essere amica mia. Non leggiamo gli stessi libri e non abbiamo gli stessi interessi.*

SEDICI
SACRO DOVERE

ESSERE POLACCHI SIGNIFICAVA ESSERE CATTOLICI. La Polonia era stato un Paese cattolico per mille anni, da quando re Mieszko I si fece battezzare e convertì ufficialmente i suoi sudditi al cristianesimo nell'anno 966. Sebbene per la maggior parte della sua lunga storia, dal punto di vista legale, fosse stato un Paese molto più tollerante delle altre religioni rispetto ad altri Paesi europei (il famoso antisemitismo e la persecuzione degli ebrei erano iniziati negli ultimi due secoli, quando la Polonia aveva perso ripetutamente la sua sovranità per mano dei vicini russi e tedeschi), non c'era stata una separazione costituzionale tra Stato e chiesa come quella che c'è negli Stati Uniti. La Vergine Maria era stata incoronata ufficialmente regina della Polonia e il popolo era orgoglioso della propria religione. Nonostante l'esistenza di molte minoranze religiose, polacco e cattolico erano fondamentalmente sinonimi.

Motivo per cui, naturalmente, andavamo in chiesa *ogni* domenica e osservavamo *tutte* le festività della Chiesa e i giorni di digiuno. Durante i miei anni formativi, questa fu una cosa seria. Non importava in quali condizioni ci si trovasse. Spesso mi sentivo svenire durante la Messa, quando la chiesa era piena, calda, non ventilata e priva di aria condizionata. Per poter prendere la Comunione si doveva digiunare dalla sera prima, e uno stomaco vuoto e bassi livelli di zucchero nel sangue non aiutavano. Per lo meno potevo leggere la traduzione delle preghiere latine recitate dal sacerdote sul lato polacco del mio messale, e la cosa aiutava un po' con la noia e la nausea. Mio padre era un tipo molto puntiglioso, e il mio disagio veniva prolungato dalla sua insistenza sulla necessità di arrivare lì almeno dieci minuti prima dell'inizio delle celebrazioni.

"Meglio mezz'ora prima che un minuto dopo", proclamava.

Crescendo ho iniziato a mettere in discussione alcuni dogmi e regole della Chiesa, e in quei casi lui mi ricordava che, come la famiglia, la Chiesa non era una democrazia. Dovevamo obbedire e non fare domande.

Ma io le facevo. Ero una bambina "difficile", che metteva in discussione le regole e si metteva a fare storie quando credeva che fossero ingiuste o sbagliate. Quel mio modo di essere sollecitava azioni disciplinari severe da parte di mio padre. Tuttavia, alla fine, avevo adottato gli stessi comportamenti e gli stessi valori dei miei genitori. Accettai e sposai con orgoglio l'identità che avevano forgiato per me. Avevo sempre saputo di essere polacca e cattolica, ed essere polacca e cattolica era sicuramente la cosa migliore che si potesse essere, per cui quell'identità mi rendeva molto speciale. O, viceversa, poiché io e la mia famiglia eravamo così speciali, era inevitabile che appartenessimo all'unica vera religione e fossimo cittadini della nazione più nobile e bella.

In quel periodo non avevo ancora riflettuto a pieno su queste questioni. E se la mia eredità culturale mi faceva sentire superiore a coloro che mi circondavano – per lo più americani protestanti, dato che le comunità nere ed ebraiche non avevano fatto parte delle mie esperienze infantili –, quel senso di superiorità era di "noblesse oblige". Sapevo di non essere diventata ciò che ero grazie ai miei sforzi personali. Non si trattava di un onore guadagnato, ma piuttosto un dono.

Chiaramente, tuttavia, il *dono* che aveva delle clausole. Come amava dire mio padre: "Coloro hanno ricevuto di più, devono dare di più". Capii e accettai che, avendo ricevuto doni speciali, era mio dovere nella vita restituire quei doni agli altri. Mi sembrava una cosa giusta e naturale, che ha dato uno scopo preciso alla mia vita fin dall'inizio. Non avevo idea di come lo avrei messo in pratica, ma il concetto di servizio verso il prossimo per me era un dato di fatto, una certezza.

La mia influenza principale erano, naturalmente, i miei genitori, dei quali stavo rispecchiando la sensibilità. Per loro si trattava di questioni semplici e indiscutibili. Nel mondo in cui erano stati scagliati durante la guerra, un mondo fatto di violenza insensata e caos, e da cui erano emersi segnati a vita, c'erano alcune certezze a cui si erano dovuti aggrappare per preservare la propria integrità mentale e la propria stessa esistenza. Per loro la fede in Dio e nella Patria erano i fattori immutabili che davano senso alla vita e la volontà di andare avanti.

Avendo ricevuto quella formazione, con tanta attenzione ed enfasi sulla nostra religione nazionale, per me aveva perfettamente senso che il cattolicesimo fosse l'unica vera fede. Era stata l'unica a essere stata costituita dal Nostro Signore in Persona, e tutte le altre eresie e sette protestanti erano state chiaramente create in seguito dagli uomini. Ogni domenica, in chiesa, recitavo il Credo in latino, che capivo solo grazie alla traduzione polacca sull'altro lato del mio messale: "Credo nella Chiesa, una, santa, cattolica e apostolica." Era tutto molto chiaro.

E così avevo cominciato a provare dispiacere per tutti i miei vicini che venivano fuorviati e rischiavano di non andare in paradiso a causa dei loro errori. Così, dato il mio innato senso del dovere, speravo sinceramente di condurre una vita che, con il suo esempio scintillante, potesse influenzare qualcuno verso la luce e la conversione.

Dopotutto, era una mia responsabilità. Esattamente come tutte le altre responsabilità che mi erano state affidate. Dare un ottimo esempio a tutti coloro che mi circondavano era mio dovere non solo in quanto cattolica, ma ancor di più in quanto polacca. Ero una rappresentante della Polonia in una terra che ignorava la sua storia, i suoi costumi e la sua gente. Rappresentare al meglio il mio paese era una mia responsabilità, il mio sacro dovere.

"Qualunque cosa tu faccia nella vita, buona o cattiva, si rifletterà sul tuo Paese", diceva mio padre. Un altro fardello da portare.

Ciò che lo rendeva particolarmente doloroso era la consapevolezza che la mia vita fosse *tutt'altro* che un esempio scintillante. Mi sforzavo davvero tanto di essere perfetta e mi vergognavo dei fallimenti.

Mia sorella Helen era un doloroso promemoria di ciò che avrei dovuto essere, ma non ero. Sempre comprensiva, paziente, disponibile e generosa quasi fino all'eccesso, e mia madre mi diceva sempre di prenderla come esempio. La sua bontà era genuina, non una messa in scena. Helen era una persona autentica.

"Mamma, posso fare qualcosa per aiutarti?" Chiedeva sempre, dopo aver finito tutte le sue faccende.

"No, cara, hai fatto la tua parte. Ora è il turno di Ewa."

"A me non dispiace, mamma. Davvero. Ewa sta leggendo. Lasciala stare."

In seguito, mia madre mi diceva: "Perché non puoi renderti utile come tua sorella?"

Non avrei mai potuto provare risentimento nei confronti di Helen. Ha sempre fatto così tanto per me. Anche se era più giovane di un anno, era quasi come un'altra madre. La mia protettrice. Non ha mai avuto paura. O almeno, non ha mai ammesso di averla provata.

Helen era la persona a cui potevo rivolgermi per ricevere un po' di conforto, in mezzo a tutte quelle richieste e quelle pressioni. Perché, nonostante la solidità, la fermezza e la sicurezza su cui si posava finalmente la mia giovane vita, dentro c'era sempre qualcosa di instabile e ansioso. Era una sensazione che non riuscivo mai a scrollarmi di dosso e che spesso esplodeva nei miei sogni.

Condividevamo una camera da letto, e quando mi svegliavo nel cuore della notte in uno stato di terrore per via dei miei incubi ricorrenti, la chiamavo, sussurrando con urgenza:

"Helen, Helen, sei sveglia?"

"Lo sono ora", era la sua risposta assonnata.

"Ho paura", mi lamentavo, "Ho fatto un brutto sogno."

"I sogni non sono reali. Non c'è niente di cui aver paura. Torna a dormire", insisteva.

"Ok, ma rimani sveglia insieme a me nel frattempo? Altrimenti avrò di nuovo paura."

"Va bene, ma sbrigati a dormire. Sono stanca."

Dopo qualche minuto, controllavo di nuovo: "Helen?"

"Sono *sveglia*", rispondeva con una certa impazienza. "Ma se non ti sbrighi, tornerò a dormire."

Allora sapevo che non dovevo più mettere alla prova la sua pazienza e tornavo a dormire. Non so come avrei fatto a sopravvivere alla mia infanzia senza Helen.

La parola "Paese" in polacco, come il latino "patria", non indicava soltanto un posto lontano da lì. Né era intercambiabile con la parola "nazione". Aveva un solo significato: quello dello stato-nazione, la Patria a cui appartieni per motivi storici ed etnici e a cui il tuo cuore e la tua anima sono indissolubilmente legati. Non è un'appartenenza politica. È un'appartenenza che non si sceglie e a cui non si può sfuggire. Il peggior fallimento possibile nella vita sarebbe stato quello di portare vergogna sul mio paese. La realizzazione e la fonte di orgoglio più grande sarebbe stata quella di portargli gloria.

Si trattava di convinzioni radicate veramente e nel profondo. Col senno di poi, erano anche quelle che mi avrebbero portata all'alienazione, all'isolamento e, infine, alla disperazione.

DICIASSETTE
TRAUMA INTERGENERAZIONALE

QUELLO CHE NON POTEVO SAPERE, durante gli anni della mia formazione, era che da bambina avevo subìto forti traumi nella Polonia occupata dai nazisti, e allora, in America, stavo subendo altri traumi per via di un'ideologia che mi era stata imposta e che avevo fatto mia. La vita era una lotta tra il desiderio di rimanere legati al passato e il desiderio di guarire.

Naturalmente, tutti coloro che erano usciti dall'incubo che era stata la Polonia durante la guerra erano rimasti traumatizzati dagli orrori che avevano vissuto. E i miei primi anni di crescita in America sono stati segnati fortemente non solo dal nostro stile di vita, ma anche dal carattere e dalle personalità dei miei genitori, che erano stati a loro volta segnati e scossi profondamente dalle atrocità della guerra.

Mia madre era nata dopo la morte di suo padre, e poi era stata cresciuta da una madre molto giovane e molto narcisista. La nonna non amava particolarmente i bambini e vedeva la figlia come una testimonianza spiacevole dei suoi tempi, nonché come un intralcio e un ostacolo al suo futuro secondo matrimonio e al suo successo sociale. Si era sbarazzata di lei mandandola in un collegio all'età di sei anni. La scuola si trovava a Varsavia, dove viveva anche mia nonna, e mia madre avrebbe potuto tranquillamente essere una studentessa diurna come tutti gli altri studenti che risiedevano in città. Dovette essere dolorosamente chiaro per lei che non era voluta in casa. Dubito che ci sia mai stato un legame significativo tra madre e figlia. Ho sempre visto mia madre come un'orfana che, priva sia di un modello di riferimento che dell'opportunità di prendersi cura della propria stessa figlia appena nata, non ha mai sviluppato alcuna vera abilità genitoriale.

A scuola era molto amata e rispettata. Sebbene non possedesse forti qualità da leader, la sua integrità, il suo senso di responsabilità e la devozione al dovere fecero sì che venisse promossa a leader del gruppo delle ragazze scout della sua scuola. Durante l'occupazione nazista venne criticata per non aver spinto con più forza le ragazze sotto il suo comando all'interno dei ranghi della resistenza. Mia madre non mi aveva mai parlato di quell'episodio, ma molti anni dopo la sua morte un suo caro amico mi spiegò il motivo di quell'omissione. Durante l'occupazione mia madre faceva da corriere per la resistenza polacca, e rischiava continuamente la vita al servizio del suo paese. Era impegnata fino in fondo in quel lavoro pericoloso, ma non si sentiva in diritto di fare pressione sulle giovani ragazze del suo gruppo affinché svolgessero attività che le avrebbero messe in pericolo. Lei fu un esempio luminoso di servizio al dovere e al patriottismo, ma permise a ogni singola ragazza di scegliere se seguire quel percorso pericoloso.

Era una giovane donna intelligente, che si era distinta per aver conseguito un master in economia, presso l'Università di Varsavia, in un momento storico in cui le donne raramente entravano in quei campi.

Negli Stati Uniti gestiva il lato commerciale del frutteto di mio padre. Molto preparata e capace di grande spirito di adattamento, gestiva una famiglia, si prendeva cura di un marito molto esigente e bisognoso, che aveva peraltro una malattia cronica, e cresceva quattro figlie, alle quali a volte si aggiungevano anche dei nipoti, nonostante non avesse alcuna formazione o esperienza in questi ultimi campi. Per di più, ha fatto tutto questo in esilio dal suo Paese, dagli amici, dalla famiglia, dalla sua comunità, dai suoi costumi e dalle sue tradizioni. Anche la lingua era difficile per lei.

Fedele al suo giuramento di servizio, mia madre continuò le sue attività di organizzazione e sensibilizzazione sociale. La nostra abitazione è sempre stata un rifugio per gli esiliati politici dalla Polonia, che spesso rimanevano con noi per giorni o mesi, fino a quando non erano in grado di sistemati da soli.

E fu così che i problemi che si erano creati in passato – educazione difficile e ferite di guerra di ogni tipo – non furono mai affrontati. Piuttosto, vennero portati avanti, crebbero... e vennero trasmessi a noi figlie.

DICIOTTO
UN'EDUCAZIONE POLACCA

In estate la nostra proprietà era sede di campi scout polacchi, durante i quali centinaia di bambini venivano a stare da noi per essere indottrinati con ideali patriottici per due o quattro settimane. Socializzavano con altri bambini polacchi, imparavano la storia, i costumi, le tradizioni, perfezionavano la conoscenza della lingua, cantavano canzoni intorno ai falò e imparavano la disciplina, la resilienza e le abilità di sopravvivenza. I miei genitori stavano contribuendo a crescere la nuova generazione di polacchi, che un giorno sarebbero tornati in una Polonia libera per sostituire quelli uccisi durante la guerra e le successive occupazioni naziste e sovietiche.

Anche io e le mie sorelle, ovviamente, prendevamo parte a quelle attività.

Dopo qualche anno, tuttavia, io smisi di voler partecipare ai campeggi. L'atmosfera era troppo militarista, le emozioni troppo crude, troppo intense. Alcuni dei leader erano sopravvissuti ai campi di concentramento, avevano vissuto tutti gli orrori della guerra e dell'occupazione tedesca.

Mia madre diceva che la decisione dipendeva da me, ma quando cercai di smettere innalzò un muro di silenzio e resistenza. Per prima cosa ho provato un intenso senso di colpa per il tradimento del mio dovere. Poi ho percepito la critica silenziosa del resto della famiglia, davanti al mio "abbandono delle responsabilità", e insieme l'implicita pietà degli amici nei confronti di mia madre, che era un modello così perfetto e non meritava un tale fallimento da parte della figlia maggiore.

I miei genitori sembravano insensibili, ma non lo erano affatto. In effetti, mia madre era una persona calorosa, amorevole, premurosa, altruista, con un forte senso del dovere e della responsabilità. Era una leader scout molto rispettata e molto amata, che viveva una vita illuminata da alti ideali. Da ragazzina aveva fatto il giuramento scout:

> *Con l'aiuto di Dio, prometto sul mio onore di fare del mio meglio per compiere il mio dovere verso Dio e verso il mio Paese, per aiutare il prossimo in ogni circostanza, e per osservare la legge scout.*

Migliaia di giovani polacchi avevano fatto quel voto, me compresa, all'età di 11 anni. Pochi furono veramente fedeli al suo spirito nel corso della loro vita. Mia madre lo fu. Almeno in tutti gli aspetti che contavano.

Purtroppo, tuttavia, da bambina non aveva mai provato il calore o l'amore materno, e forse era per quello che non sapeva come esprimerlo a sua volta alle proprie figlie. Sapevo con certezza che mia madre mi amava, ma quell'amore non l'ho mai sentito o sperimentato. Non c'era alcun tipo di vicinanza. Quand'ero una bambina non mi ha coccolata o confortata, e non era una persona a cui potessi confidare le mie paure e preoccupazioni. Era difficile per lei fidarsi del suo istinto materno. Era sempre innanzitutto leale a mio padre e seguiva il suo esempio in tutto e per tutto.

In America, era talmente presa dalle esigenze di una vita per la quale era totalmente impreparata, e dagli urgenti bisogni emotivi dei così tanti sfortunati di cui si occupava, che le rimaneva poco tempo e ancora meno energia per noi, specialmente per me.

Mio padre era il maggiore di cinque fratelli nati da un uomo d'affari di successo, un uomo che si era fatto da sé. Il nonno era stato spietato nella ricerca della ricchezza e del potere. Prima della rivoluzione russa del 1917 aveva fatto una piccola fortuna supervisionando la costruzione della prima linea ferroviaria che collegava San Pietroburgo al porto di Murmansk. Poi, con una fuga straordinaria dell'ultimo minuto, era riuscito a tornare in Polonia con la moglie e il figlio piccolo. Mio padre, che era nato in Russia ed era stato allevato da tate russe, al momento del loro ritorno era bilingue.

Tornato in Polonia, mio nonno aveva investito bene il suo denaro. Aveva acquistato una grande tenuta che comprendeva un villaggio, foreste, terreni coltivabili e una piccola villa circondata da 4.000 acri di parco con tanto di lago dove la famiglia e gli ospiti potevano divertirsi in barca. Trasformò la terra coltivabile in una piantagione di barbabietole da zucchero, costruì una fabbrica di zucchero, e la sua piccola fortuna crebbe fino a diventare piuttosto grande.

Con buona pace del nonno, mio padre non era affatto interessato agli affari, ai soldi o al successo, ma piuttosto alla natura e alle idee. Invece di una laurea in economia, ne aveva presa una in silvicoltura. Era interessato alle piante e agli animali e, in altre circostanze, avrebbe potuto diventare uno scienziato, perché si sentiva più a suo agio nel mondo delle idee e della sperimentazione che in quello dell'azione. Aveva convinzioni molto forti sulla correttezza e sulla giustizia. Il suo idealismo era stata una grande delusione per suo padre, che non lo nascondeva affatto. Tuttavia, essendo il figlio maggiore, era stato cresciuto ed educato in quanto erede non solo di una tenuta e di un'enorme fortuna, ma anche di uno stile di vita.

Mio padre era nato nel 1916, due anni prima che la Polonia riacquistasse l'indipendenza dopo cento anni di sezionamenti da parte della Germania, della Russia e dell'Impero austriaco, e dopo tre insurrezioni sanguinose e inutili. Era un periodo di patriottismo, nazionalismo ed eroismo. Nel 1920, con il paese ancora una volta sotto attacco nemico sul fronte orientale, un esercito di volontari polacchi, mal equipaggiato e scarsamente addestrato, nello stupore generale, aveva respinto i russi in una battaglia nota come il Miracolo sulla Vistola. Lo slogan di quei tempi era "La Polonia per i polacchi", e qualunque patriota sarebbe stato pronto a combattere e a morire in difesa dell'indipendenza duramente conquistata. Era quello il clima politico durante l'infanzia e l'adolescenza di mio padre.

Il clima sociale era molto simile a quello dell'Inghilterra degli anni Venti. Il classismo era molto vivo, anche se le cose stavano iniziando a cambiare. C'erano le vecchie famiglie aristocratiche che conservavano ancora la loro ricchezza, e quelle che l'avevano persa ma che sarebbero sempre state considerate parte delle classi superiori. La famiglia di papà proveniva dalla nobiltà minore, quella grande classe che per secoli aveva avuto il potere di voto e che teoricamente si trovava sullo stesso piano degli aristocratici e al di sopra dei mercanti, degli artigiani e dei contadini, che invece non potevano partecipare alle elezioni. In realtà tutti gli aristocratici dotati di titolo facevano parte di una classe a sé stante, al di sopra di tutte le altre. E anche all'interno della nobiltà senza titolo c'erano distinzioni di classe. Ecco perché la mia nonna materna guardava la famiglia di papà, per quanto ricca, dall'alto in basso, e credeva che mia madre, che invece proveniva da una famiglia povera, ma socialmente "di alto livello", sposando mio padre avesse commesso una "mesalliance". Anche dopo essersi trasferita da noi in America, continuava a guardarlo dall'alto in basso e si rifiutava di mangiare con noi perché le nostre maniere non erano all'altezza dei suoi standard. Quelle erano le correnti sotterranee che facevano da sfondo agli anni della mia crescita.

La salute di papà rimase un problema significativo per l'intera durata della sua vita adulta. Quand'era poco più che ventenne era stato catturato e trattenuto in un campo di prigionieri di guerra e, nell'arco di pochi mesi, era sceso di peso da 80 kilogrammi a 57 kilogrammi. Riuscì a fuggire, ma era così malato che non ci si aspettava che sarebbe sopravvissuto e gli era stata data l'estrema unzione. Si riprese, ma la sua salute rimase compromessa per sempre. Poi era arrivata la seconda guerra, durante la quale era stato ferito, e subito dopo era stato ammalato per oltre un anno di agranulocitosi, una malattia del sangue incurabile. Ci si aspettava di nuovo che sarebbe morto e di nuovo ricevette l'estrema unzione. Seguì un'altra guarigione miracolosa e mio padre visse fino alla fine degli anni settanta, quando morì per una grave malattia cardiaca. Per lungo tempo fu cagionevole, fisicamente debole e afflitto da attacchi di vertigini e sensazioni di svenimento a causa di un tumore al cervello che era rimasto non diagnosticato fino alla vecchiaia.

Quando ero piccola, in Polonia, era stato simpatico e divertente. Veniva a leggerci storie nel nostro asilo domestico, mi guardava costruire torri con i blocchi e incoraggiava i mei sforzi con le file di lettere sui cartoncini. Subito dopo la guerra, quando sono diventata difficile, era troppo malato per impormi la disciplina, per cui i miei ricordi di lui di quel periodo sono rimasti belli.

Dopo essere tornato in salute, all'inizio della guerra, mio padre era andato a vivere nel condominio di proprietà della famiglia a Varsavia. Aveva un piccolo monolocale e, quando si era sposato, mia madre era andata a vivere con lui. Come tutti i suoi fratelli, aveva un alloggio gratuito e uno stipendio a condizione che non iniziasse a lavorare per qualcun altro. Mio nonno, il patriarca della famiglia, poteva permettersi di mantenere i suoi cinque figli adulti e le loro famiglie. In cambio, però, voleva il controllo completo sulle loro vite. Dopo la mia nascita mia madre avrebbe voluto trasferirsi, avere la sua casa e la sua vita, ma per mio padre sarebbe stato l'equivalente di una rottura aperta con il nonno.

Negli Stati Uniti era cambiato tutto. Con il nonno a un oceano di distanza e le comunicazioni significativamente limitate, era mio padre ora il patriarca indiscusso, il capo della sua piccola famiglia. E come era solito dire, la famiglia, come la Chiesa, non è una democrazia. In effetti, la nostra famiglia era un'autocrazia e lui era il sovrano indiscusso, proprio come suo padre prima di lui. La sua parola era legge, e qualsiasi discussione sfociava in una punizione, o almeno in un rimprovero. Papà non era una persona dura o cattiva, ma non aveva mai avuto l'opportunità di imparare a esercitare leadership e potere in maniera equilibrata e, trovatosi in un ambiente straniero e pieno di pericoli sconosciuti, improvvisamente responsabile della sicurezza e della sopravvivenza della sua famiglia, raggiunse l'estremo del dispotismo. Le regole erano rigide e lui era intransigente quando si trattava di farle rispettare.

Cresciuto come un membro della nobiltà europea e fedele al suo background, papà era un perfetto gentiluomo che si era guadagnato rapidamente la fiducia e il rispetto della sua nuova comunità. Era un padrone di casa perfetto, anche se, senza uno staff di servizio, era la mamma che doveva fare tutto il lavoro. Nessuno poteva sfidarlo o contraddirlo. Dalle sue figlie ci si aspettava che fossero irreprensibili, educate, più istruite, più intelligenti e un gradino al di sopra delle "persone comuni", con le quali non dovevano associarsi. Venivamo educate per essere delle signorine per bene e ci si aspettava che lo fossimo.

Mio padre adorava mia madre. E lei, che desiderava ardentemente l'amore che non aveva mai ricevuto durante gli anni della sua crescita, adorava lui. Papà era il sole attorno al quale ruotava la nostra piccola famiglia. Le sue esigenze venivano sempre prima di ogni altra cosa. Avendo perso i loro punti di attracco, i miei genitori, quando avevano bisogno di amore e conforto, potevano appoggiarsi solo l'uno sull'altra. Anche quando ero piccola per me era chiaro che io e le mie sorelle eravamo meno importanti per loro, di quanto lo erano loro stessi l'una per l'altra. *Capivo* che ci amavano dal modo in cui agivano e dai sacrifici che facevano per noi, ma non ho mai *sentito* il loro amore dentro, nel mio corpo e nel mio cuore.

Per cui, oltre all'ansia, portavo con me anche la solitudine, e bramavo un po' di quell'amore che i miei genitori avevano l'uno per l'altra. Tuttavia, non serbavo risentimento. Pensavo che fosse tutto regolare. I bambini erano meno importanti dei genitori. E avevo un futuro davanti. Un giorno mi sarei sposata e mio marito avrebbe adorato me. Un giorno anch'io sarei stata al primo posto nel cuore di qualcuno. Avrei seguito l'esempio della mamma e sarei stata la moglie perfetta che lo avrebbe amato e si sarebbe presa cura di lui. Sarei stata sempre lì per lui, e lui sarebbe sempre stato lì per me.

Mentre mia madre era una presenza-ombra per me – una presenza buona, calda, più angelica che reale – mio padre, per contrasto, era una presenza enorme e molto reale nelle nostre vite.

Nonostante i problemi di salute, si impegnava regolarmente e con piacere nell'esercizio di lavori pesanti. Al nostro arrivo nella nuova abitazione aveva ripulito gli alberi che erano cresciuti fino alle finestre. Nel corso degli anni ha scavato l'intera cantina a mano, ammucchiando terra e pietre sulle carriole che spingeva e svuotava nei campi prima di tornare per raccogliere un altro carico. Se c'era una roccia troppo grande da rimuovere, per romperla usava piccoli bastoncini di dinamite. Era un uomo forte, indipendente e autosufficiente, e dalle sue figlie si aspettava la stessa cosa. Quando non stavamo facendo i compiti o altre faccende, dovevamo aiutare con gli scavi e la pulizia di detriti. Dopo pranzo spesso "invitava" gli ospiti a fare un po' di esercizio in cantina. Era una persona molto tesa e nervosa, e lo sforzo fisico sembrava rilassarlo. Gli piaceva, e credeva nel detto: "Mens sana in corpore sano".

Era un perfezionista, duro sia con se stesso che con gli altri.

"Non vale la pena fare una cosa se non la si fa bene", era solito dirci.

Non dispensava lodi perché credeva che i bambini ne venissero viziati. Le critiche invece erano frequenti e devastanti. Una volta gli chiesi come potevo sapere se era soddisfatto, dato che non lo diceva mai, e lui mi rispose che, se non diceva nulla, potevo assumere che non fosse "non soddisfatto". A volte da ragazza mi mettevo davanti a lui con un vestito nuovo o una nuova pettinatura e aspettavo invano che se ne accorgesse o mi dicesse qualcosa.

"Papà, ti piace il mio vestito nuovo?"

"È nuovo?" mi chiedeva. "Non l'avevo notato."

"Come faccio a sapere se qualcosa ti piace, se non me lo dici mai?"

"Se non dico niente, vuol dire che stai bene. Se ci sono problemi, te lo farò sapere sicuramente." Io ci provavo sempre.

Cercavo disperatamente di compiacerlo e di ottenere la sua approvazione. In seconda media avevo ricevuto un premio per aver raggiunto una delle medie più alte di tutta la scuola, ero arrivata al secondo posto. Il premio consisteva in un libro, e io lo portai a mio padre piena di orgoglio. Mi aspettavo elogi, dato che sapevo quanto valore assegnava all'istruzione e alle prestazioni scolastiche, ma il suo commento fu semplicemente: "Se ti impegni un po' di più, l'anno prossimo potresti essere la prima."

Capii allora che non sarei mai riuscita ad accontentarlo, e così smisi di provarci. Non ho mai più ricevuto un premio.

Le qualità che ammiravo di più in mio padre erano i suoi principi, la sua integrità, il suo senso di responsabilità, il suo onore e il suo senso del dovere. Cercavo con orgoglio di esserne all'altezza nella mia stessa vita. Ma non era affatto facile.

Da lui ho imparato la differenza tra "volere" qualcosa e averne "bisogno". Una volta gli chiesi un paio di scarpe nuove per partecipare a una funzione sociale a scuola. Papà indicò i miei piedi.

"Cos'hai lì?" domandò.

"Scarpe", risposi.

"Allora non ne hai *bisogno*. Al massimo ne *vuoi* un altro paio."

"Papà, ne ho davvero *bisogno*. C'è una festa, non posso usare queste."

Seguì un lungo discorso sui bambini poveri in Africa, che di scarpe non ne avevano affatto e che quindi, al contrario di me, ne avevano un *bisogno* reale.

"C'è una differenza importante tra bisogno e desiderio, non dimenticarlo," mi ammonì.

In quell'occasione fu la mamma a intercedere in privato, e io ottenni le mie scarpe. Ma il messaggio mi era arrivato, e più avanti nella vita mi sono sentita spesso in colpa quando desideravo cose di cui non avevo davvero bisogno, mentre chi era veramente bisognoso ne faceva a meno.

C'era un lato oscuro in mio padre, per lo meno nei miei confronti, poiché ero la figlia maggiore da cui ci si aspettava sempre di più. In occasioni rare ma memorabili, quando sentiva che la somma delle mie trasgressioni aveva oltrepassato il limite, mio padre ricorreva a una misura che in quei giorni non era considerata inappropriata. Mi sculacciava. Oggi le chiameremmo percosse, perché mi lasciavano lividi che duravano giorni, oltre ai gravi problemi psicologici.

Papà credeva nell'autocontrollo e non puniva mai quando era arrabbiato. Quindi la punizione violenta era accompagnata da una freddezza e una deliberazione che sembravano crudeli. Una volta, mentre mi colpiva, mi disse: "Fa più male a me che a te", che era l'insulto estremo e la negazione della realtà dei miei sentimenti.

Io lo provocavo involontariamente, discutendo e mettendo in dubbio le sue decisioni quando sentivo che erano ingiuste. Le sfide non erano ammissibili. Poi c'era la questione delle responsabilità, dove fallivo ripetutamente poiché non riuscivo a svolgere i compiti che mi venivano assegnati. Di conseguenza ho cercato il più possibile di evitare ogni responsabilità. Quando le faccende quotidiane richiedevano la mia presenza in casa a una certa ora, sparivo ore prima con un libro in una grotta abbastanza lontana da casa per poter dire di non aver sentito la mamma che mi chiamava. Lì, in quel posto sicuro e appartato, leggevo volentieri per ore. Una volta a casa, davanti alla tavola apparecchiata, o al bucato piegato, esclamavo con finto dispiacere: "Avrei dovuto farlo io! Grazie per averlo fatto tu, Helen."

Lei diceva sempre che non era un problema. Helen continuava a essere la bambina perfetta, che chiedeva sempre alla mamma se c'era qualcosa che poteva fare per aiutarla. Era tutto il contrario di me, sembrava davvero che non le pesasse.

La punizione che ricordo più vividamente è stata l'ultima che ho ricevuto.

Avevo circa dieci anni e stavo giocando con le mie due sorelle più piccole nel soggiorno, dove c'erano una scrivania e una sedia girevole. Ci stavamo divertendo molto a fare girare la sedia, ma a un certo punto mi sono stancata e mi sono seduta in parte. Helen aveva continuato a fare girare Anne. Erano circa le sei, e stavano gridando allegramente. Improvvisamente la sedia si ruppe e Anne cadde a terra e iniziò a urlare. A quanto pare, Helen aveva girato la sedia in una sola direzione e la parte superiore si era svitata. I miei genitori si erano precipitati dentro la sala e, alla vista della sedia pesante a pezzi e di Anne che piangeva a terra, erano stati presi dal terrore che si fosse fatta molto male. Dopo essersi assicurati che fosse solo spaventata, papà mi afferrò per un braccio e mi disse di andare con lui.

Sapevo cosa sarebbe successo e, piena di paura, continuai a dire: "Papà, papà, non ho fatto nulla di male. Stavamo solo giocando e ci stavamo divertendo, non sapevo che era pericoloso..."

"Beh, avresti dovuto saperlo," rispose lui.

"Stavamo giocando tutte insieme. Perché punisci sempre me?"

"Perché sei la più grande e dovresti sapere più cose."

Mia madre era vicina alla porta e io la raggiunsi in preda alla disperazione. "Mamma", gridai. Ma lei si voltò dall'altra parte.

Papà mi trascinò in camera da letto e iniziò a colpirmi forte. Avevo deciso che volevo salvare il mio orgoglio e non volevo piangere, ma presto il dolore si dimostrò al di là della mia capacità di sopportazione. Cedetti, e le sensazioni di ingiustizia e impotenza che stavo provando si unirono alla rabbia.

"*Ti odio, ti odio e vorrei che fossi morto*", singhiozzai.

Mi lasciò singhiozzare disperatamente sul letto e mi portò via la bambola che stringevo in cerca di conforto. "Potrai uscire dalla stanza quando ti sentirai pronta a scusarti", disse, chiudendo la porta.

Ero in uno stato di sconforto emotivo talmente profondo che mi sentivo come se il mio cervello fosse evaporato e non fossi più in grado di pensare. Sentivo solo dolore, fisico ed emotivo. Non capivo di cosa dovessi scusarmi. Mi sentivo completamente sola. Volevo morire.

Alla fine i miei singhiozzi si placarono e mi addormentai. Mi svegliai al buio e, attraverso una fessura di luce che entrava da sotto la porta, vidi che qualcuno mi aveva lasciato un vassoio di cibo. La sola vista del cibo mi fece venire voglia di vomitare e piansi di nuovo finché non mi riaddormentai.

Il giorno dopo avevo fame e mangiai qualcosa. Sentivo il suono di voci in lontananza, ma la cosa non fece che aumentare il mio senso di isolamento. Per la mia famiglia la vita andava avanti come al solito, mentre io ero sospesa in qualche strana irrealtà, totalmente separata e lontana da loro. Non avevo nemmeno un libro da leggere per fuggire in un mondo immaginario, meno duro e doloroso del mio. Dopo due giorni la solitudine e la noia divennero intollerabili e mi arresi. Mi scusai solo per sfuggire all'isolamento.

Quell'esperienza ebbe un effetto profondo e duraturo su di me. Per la prima volta provai emozioni contrastanti: amavo mio Padre, ma lo odiavo per la violenza che mi infliggeva. Non potevo sentirmi al sicuro con lui. Né potevo rivolgermi a mia madre per ricevere protezione: la colpevolizzavo per avergli permesso di farmi male. Non potevo fare affidamento sul fatto che le persone che amavo mi avrebbero tenuta al sicuro. Era un'eco delle esperienze infantili che mi avevano insegnato che i genitori non erano in grado di proteggermi dalla violenza durante la guerra. Poi anche loro erano diventati un pericolo. Anche loro erano "cattivi" che potevano farmi del male e che dovevo temere. Da quel momento ho smesso di avere fiducia nel fatto che coloro che amavo sarebbero stati lì per me per proteggermi e sostenermi, e non mi fidavo più delle promesse fatte o lasciate implicite in una relazione.

Le punizioni puramente psicologiche erano meno drammatiche. Abbiamo sempre festeggiato il Natale alla maniera tradizionale polacca. I bambini cercavano impazientemente la prima stella nel cielo della sera. Quello era il segnale per l'inizio dei festeggiamenti. La famiglia si scambiava gli auguri condividendo la cialda natalizia e poi si sedeva davanti a quello che ai più piccoli sembrava un pasto senza fine. Solo in seguito ci si sistemava davanti all'albero illuminato e si cantavano i canti in attesa di Babbo Natale.

In un'occasione, quando vennero distribuiti i regali, ognuna delle mie sorelle ricevette il solito grande mucchio di sorprese: bambole, giochi e giocattoli. Io ricevetti solo un pacco piccolino. "Ci deve essere dell'altro," sussurrò Helen. Ma non c'era nient'altro. Quell'anno ero stata una bambina cattiva che non aveva meritato regali di Natale, per cui avevo ottenuto soltanto un paio di guanti. Generalmente gli articoli di abbigliamento erano considerati beni di prima necessità e non regali. Era l'equivalente di un pezzo di carbone. Sentii un nodo in gola, ma l'unica cosa che mi era rimasta era il mio orgoglio. Non avevo intenzione di far sapere loro quanto fossi delusa e ferita, per cui misi in scena un grande spettacolo di ammirazione del dono detestato. "Proprio quello di cui avevo bisogno", dissi con entusiasmo. "Proprio quello che speravo", mentii.

Piansi soltanto più tardi, nel mio cuscino, quando nessuno poteva sentire. Avevo nove anni.

In seguito mi sono resa conto che anche i miei genitori erano intrappolati da circostanze completamente al di fuori del loro controllo. Circostanze che avevano determinato le loro identità, i loro sistemi di valori e le loro convinzioni sul modo di vivere e crescere i loro figli.

Per prima cosa c'era stata l'intensità dell'atmosfera e dell'ambiente socio-politico in cui erano cresciuti e in cui avevano vissuto la loro gioventù e i primi anni della loro vita adulta, di cui ho già parlato brevemente. Poi ci fu il trauma della guerra e, subito a seguire, quello dell'esilio.

È inevitabile che un trauma irrisolto si perpetui e colpisca le generazioni future. Senza risoluzione, le persone traumatizzate traumatizzeranno gli altri. È inevitabile. Io e le mie sorelle siamo state traumatizzate dai nostri genitori e dalle circostanze in cui siamo nate e cresciute. I risultati per me sono stati paura e ansia crescente, diffidenza, e sensazione di essere sola al mondo, di poter dipendere solo da me stessa, perché lì, per me, non c'era nessuno.

DICIANNOVE
PAURA, CORAGGIO E DOVERE

DA CHE HO MEMORIA, ho dovuto lottare con le mie paure.

Una era quella del buio. Quando c'era una stanza buia Helen doveva sempre entrare prima di me per accendere la luce. I miei genitori, come la maggior parte delle persone di quel tempo, non erano particolarmente evoluti dal punto di vista psicologico e non avevano alcuna comprensione o compassione per i miei sentimenti.

"Avere coraggio non significa non aver paura del pericolo", mi diceva papà. "Significa fare ciò che deve essere fatto nonostante la paura."

L'alternativa era considerata vigliaccheria e lui si aspettava che io affrontassi le mie paure, che fossi una persona coraggiosa, non una codarda. Eppure ogni volta che provavo a entrare in una stanza buia il cuore iniziava a martellarmi in petto come se dovesse scoppiare, il mio respiro diventava rapido e superficiale e, anche dopo aver acceso la luce, ci voleva un po' di tempo perché il mio corpo tornasse alla normalità. Ora mi rendo conto che stavo avendo attacchi di panico, ma allora nessuno sapeva niente di queste cose.

Avevo anche il terrore di stare da sola. Una volta, all'età di circa otto o nove anni, mi ammalai e dovetti rimanere a casa invece di andare a scuola. I miei genitori avevano delle commissioni da sbrigare e non si fecero alcun problema a lasciarmi sola per qualche ora. Non so se fossero consapevoli di quanto fossi spaventata, ma respingevano comunque le mie paure come pensieri irrazionali che avrei superato attraverso l'esposizione, oppure se non lo sapevano affatto. In ogni caso, mi lasciarono, e il mio terrore raggiunse livelli molto alti. All'epoca vivevamo in una casa in affitto nell'ampio campus della scuola privata che frequentavamo io e le mie sorelle. Improvvisamente, sentii degli strani rumori in cantina, dove si trovava la lavatrice. Sembrava che qualcuno l'avesse accesa, ma sapevo che in casa non avrebbe dovuto esserci nessuno a parte me. Con il cuore che batteva forte, corsi fuori dalla porta senza neanche fermarmi a chiuderla alle mie spalle e corsi per tutto il tragitto attraverso due campi di atletica fino a raggiungere la scuola senza fiato. Lì furono sorpresi di vedermi perché mia madre li aveva informati del fatto che ero a casa malata. Quando dissi, ansimando, che c'era qualcuno nella cantina, vedendo il mio stato di terrore, mi diedero una bevanda calda per farmi calmare e mandarono qualcuno a indagare. Naturalmente, la lavatrice non era accesa e non c'era nessuno in agguato in cantina.

Un'altra fonte di terrore erano gli incubi vividi e frequenti, dai quali mi svegliavo in uno stato di panico. I sogni erano variazioni su un unico tema: qualcuno stava venendo a farmi del male, io cercavo di scappare ma correvo su una sorta di tapis roulant, senza riuscire a fare alcun progresso. Cercavo di gridare aiuto, ma dalla mia bocca non usciva alcun suono. Era un'esperienza profondamente terrificante, e quando non c'era Helen lì a calmarmi, io rimanevo sdraiata a tremare per ore, stringendo il coltello che tenevo sotto il cuscino, troppo spaventata per tornare a dormire. Quegli incubi continuarono per tutta la mia infanzia e gran parte della mia giovinezza.

Avevo forse undici anni circa quando rimasi da sola un pomeriggio d'estate. Io e le mie sorelle avevamo una camera da letto a testa, ma Helen e io avevamo deciso da tempo di dormire insieme e usare la seconda come stanza dei giochi. L'ambiente era stato originariamente una veranda coperta, che papà aveva trasformato in una stanza regolare convertendo i pannelli in vetrate. Fu in quella stanza ampia, confortevole e luminosa che mi sedetti a leggere un libro aspettando con ansia il ritorno della mia famiglia.

Improvvisamente cominciai a vedere dei lampi e a sentire rombi di tuono. Cominciò a piovere. Mi alzai e chiusi tutte le finestre. I fulmini e i tuoni aumentarono. La pioggia divenne un acquazzone che colpiva rumorosamente i vetri delle finestre. Il mio allarme crebbe quando la luce del pomeriggio si attenuò e infine si oscurò. All'improvviso, un tuono assordante esplose così vicino alla casa che balzai in piedi e iniziai a tremare in modo incontrollabile.

Alla prima esplosione ne seguì un'altra, e poi un'altra ancora. Sembrava una raffica di artiglieria. Ero pietrificata, ma anche inesorabilmente attirata dalla finestra. Incantata, incapace di muovermi e con il cuore che mi batteva forte, osservavo l'oscurità trafitta da enormi lampi di fulmine immediatamente seguiti da tuoni forti.

Il mio terrore crebbe e crebbe fino a quando non riuscii più a sopportarlo. Mi sentivo come se tutto il mio io si stesse disintegrando, fatto a pezzi da ciò che stava accadendo intorno a me. Sì, per me stava cadendo tutto a pezzi e il centro non poteva più reggere. Io stessa stavo cadendo a pezzi. Non riuscivo nemmeno a pregare. L'unica cosa che potevo usare come merce di scambio era la mia stessa vita.

"Dio mio", dissi nell'oscurità, "ti prego, fai cessare questo orrore e dedicherò tutta la mia vita a servirti."

Ora dipendeva tutto da Dio, pensai. Io non potevo fare altro che aspettare.

La bufera si fermò all'improvviso così come era iniziata. I tuoni e i fulmini cessarono, e anche la pioggia. Il cielo si schiarì. Il sole iniziò a fare capolino e la luce tornò. Ero stata salvata. Avevo fatto un voto infrangibile a Dio. Nella mia mente non c'era un briciolo di dubbio: si era trattato di un intervento diretto in risposta alla mia supplica disperata. Per la prima volta nella mia vita avevo avuto un'esperienza palpabile e diretta della Sua presenza.

La spiritualità e il servizio sarebbero rimasti sempre una parte importante della mia vita. Durante gli anni della mia crescita lo scoutismo polacco, che poneva enfasi su entrambi, giocò un ruolo enorme.

A differenza della versione americana, più morbida, lo scoutismo polacco era difficile. Di regola ci lasciavano ai margini di una foresta e dovevamo marciare nella natura selvaggia portando attrezzature pesanti e rifornimenti. Poi, quando la capogruppo decideva dove fermarsi, dovevamo preparare l'intero campo da zero. Per prima cosa, usando piccole asce e seghe a mano, dovevamo lavorare il fitto sottobosco per liberare un'area, poi montavamo tende pesanti sui loro telai in legno. Negli anni Cinquanta non esistevano telai in tessuto di nylon o alluminio leggero. Le tende erano semplici: niente telo sul fondo e niente zanzariere. In seguito scavavamo delle trincee intorno al perimetro, in modo da evitare che l'acqua piovana scorresse all'interno. Poi abbattevamo gli alberi più piccoli e usavamo il legno a mo' di telaio per i nostri sacchi a pelo. Sotto, per ammorbidire, mettevamo dei rami di pino. Così, stando a pochi centimetri da terra, se la tenda veniva allagata, i nostri sacchi di cotone, non resistenti all'acqua, avevano la possibilità di rimanere asciutti. Ma questo succedeva più tardi.

Dopo aver alzato le tende, ci dividevano in squadre e ci assegnavano dei compiti specifici. Una squadra doveva scavare una latrina, che in genere consisteva in una buca sopra la quale si poggiava un tronco grezzo sul quale potevamo appollaiarci per non cadere. Un altro team costruiva una cucina da campo e il terzo organizzava le forniture per preparare il nostro primo pasto. Altre squadre perlustravano la zona in modo da segnalare eventuali pericoli o minacce. Altre ancora tagliavano un albero, sistemavano l'asta della bandiera e liberavano un cerchio per il falò, poi andavano a raccogliere e tagliare la legna. Infine, veniva eretto un piccolo santuario per la Vergine Maria. Di solito c'erano due adulti, spesso sui vent'anni, e circa dodici o venti ragazzine. I ragazzi avevano i loro campi separati, che operavano su linee parallele.

La vita nel campeggio era gestita in modo quasi militare. Alle sei del mattino suonava "Le Réviel". Seguivano mezz'ora di attività fisica e la colazione, dopo di che indossavamo l'uniforme per l'innalzamento della bandiera. Tra queste cose c'era anche l'ispezione della tenda. L'assistente comandante effettuava la sua ispezione mentre noi aspettavamo davanti alle nostre tende. Un letto non fatto a regola d'arte, o qualsiasi tipo di cosa fuori posto era fonte di un imbarazzo che si riversava su tutta la squadra. Gli oggetti incriminati venivano scaricati senza tante cerimonie fuori dalla tenda, esposti agli occhi di tutte, e infine si perdevano dei punti e si rischiava di ottenere un incarico di lavoro indesiderato. La competizione era molto accesa.

Durante la cerimonia quotidiana dell'innalzamento della bandiera stavamo tutte sull'attenti. La nostra capogruppo chiamava i nostri nomi e noi rispondevamo "presente". Tutte le capogruppo facevano quindi rapporto alla Comandante. Cantavamo l'inno nazionale polacco e salutavamo la bandiera mentre veniva sollevata. Il tutto era seguito da una preghiera e dalla lettura del programma della giornata. Gli incarichi di lavoro venivano assegnati alle diverse squadre a rotazione. Consistevano nel servizio di cucina (ossia preparazione dei pasti e pulizia), pulizie varie, come il servizio di latrina e la manutenzione generale del campo (costruzioni e riparazioni necessarie comprese), e nel servizio di guardia che era strutturato in turni di due ore dalle ventidue fino a "Le Réveil" delle sei del mattino.

Finita la cerimonia tornavamo ad indossare abiti regolari e iniziavamo le attività programmate per la mattina, che consistevano in lezioni, attività e allenamenti per l'ottenimento dei distintivi, esercitazioni sul campo comprese. Ad esempio, dopo aver completato l'allenamento per il distintivo medico, le ragazze venivano mandate a fare un'escursione. Ogni ragazza partiva da sola, a intervalli cronometrati, e seguiva un sentiero segnato da indizi nascosti. Se fosse riuscita a decifrare correttamente gli indizi, si sarebbe imbattuta in qualcuno che avrebbe simulato un braccio o una gamba rotta, ferite sanguinanti, svenimenti o altre emergenze mediche. Se avesse risposto in modo appropriato, avrebbe ottenuto punti e un altro indizio che l'avrebbe condotta alla prossima vittima. Erano tutte cose molto serie, che si basavano sulla premessa che un giorno le ragazze avrebbero potuto dover affrontare veramente scenari simili e avevano bisogno di imparare come affrontarli. C'erano molti distintivi da vincere, alcuni più facili e divertenti, ma tutti comportavano l'apprendimento di qualche abilità.

Dopo pranzo avevamo un po' di tempo libero e poi seguivano giochi come la pallavolo o altre attività divertenti come il nuoto. Dopo cena ci lavavamo e ci mettemmo di nuovo l'uniforme per l'abbassamento della bandiera. Facevamo il saluto e cantavamo un altro inno, questa volta per chiedere a Dio di proteggere il nostro paese soggiogato:

> *Signore, che per così tanti secoli hai circondato la*
> *Polonia*
> *Di uno splendore di potere e gloria,*
> *E le hai dato la Tua onnipotente protezione*
> *Dalle disgrazie che avrebbero dovuto opprimerla.*
> *Preghiamo davanti ai tuoi altari: Restituiscici la patria*
> *libera, o Signore!*

Poi ci dirigevamo silenziosamente verso il cerchio del falò e aspettavamo il segnale per accenderlo. Sedute intorno al fuoco, con le fiamme che iniziavano a salire, cantavamo la canzone degli scout che ricordava i giorni passati e parlava di cavalieri che combattevano per il nostro Paese e guerrieri che proteggevano le sue frontiere lontane. Dopo quell'inizio nostalgico e pieno di ispirazione, passavamo a canzoni popolari e da campeggio, alcune più felici e altre più tristi, a volte interrotte da racconti o esibizioni di vario tipo. Poi arrivavano quelle più incentrate sullo scoutismo e le inevitabili ballate di guerra che trattavano di nostalgia, desideri, eroismo, sacrificio e della morte dei soldati. Quelli erano i temi che mi colpivano di più perché quei sentimenti erano sempre presenti nel mio cuore. Verso la fine la Comandante teneva un discorso per ispirarci. Terminavamo cantando Taps e tornavamo in silenzio alle nostre tende per andare a dormire.

Circa una volta alla settimana ci svegliavano all'una del mattino e ci dicevano di vestirci rapidamente e di andare in silenzio al punto di incontro tra i pini. Ci vestivamo a fatica ma silenziosamente e, ancora mezze addormentate, facevamo rapporto per gli esercizi notturni. Di solito si trattava di giochi nella foresta, come rubabandiera o simili, per i quali venivamo divisi in due squadre in competizione tra di loro. Era tutto molto emozionante e divertente, ma non era veramente un gioco. Si percepiva una certa serietà, come se vincere o perdere fossero questioni di vita o di morte. La notte e la foresta oscura erano ulteriori fonti di drammaticità.

Avevo undici anni e mezzo quando ebbi l'esperienza per me più inquietante e indimenticabile. Era mezzanotte e stavo dormendo profondamente quando la caposquadra venne a svegliarmi.

"In uniforme, ragazze. Riunione davanti alla tenda tra dieci minuti," sussurrò.

"Altri giochi notturni?" mormorò Diana. "Li abbiamo già fatti pochi giorni fa."

"In uniforme? Non dire stupidaggini. Dev'essere la notte del giuramento," disse Barbara, dando voce a ciò che stavamo pensavamo tutte.

All'improvviso, eravamo completamente sveglie e molto emozionate. Sapevamo che quella sera, una o più ragazze sarebbero state ritenute degne di fare il giuramento e pronte ad assumersi la responsabilità che tale impegno comportava. Sebbene fossi ancora giovane, poiché in genere le ragazze che venivano scelte avevano tra i dodici e i quindici anni, io avevo già frequentato il campo per tre anni e mi dedicavo pienamente a servire il mio Paese. Speravo con tutto il cuore che quella sarebbe stata la mia serata.

Uscimmo dalla tenda e ci sistemammo in una fila ordinata. La caposquadra ci stava aspettando, e noi la seguimmo nella notte. Camminammo in silenzio nell'oscurità della foresta, guidate solo dalla luce della luna piena, mentre venivamo condotte lungo un sentiero sconosciuto. L'escursione fu breve, e dopo un po' tra gli alberi apparvero dei raggi di luce. Il mio cuore batteva forte per l'eccitazione e il mio sangue era pieno di adrenalina.

Arrivammo in una piccola radura illuminata da un falò ardente. Le altre squadre erano già lì. Girammo intorno al fuoco e cantammo l'inno scout, poi facemmo un passo indietro e lasciammo uno spazio libero davanti a noi.

"Come sapete", iniziò la Comandante, "questa è un'occasione sacra. Questa sera due ragazze presteranno un giuramento che rimarrà vincolante per tutta la loro vita. Si dedicheranno a servire Dio e la Madre Patria. Preghiamo tutte per sostenerle nel loro impegno solenne."

Pregammo insieme affinché Dio desse loro la forza di rimanere leali e di svolgere qualsiasi compito potesse essere richiesto loro dal servizio senza esitazione, anticipazione di ricompensa, o considerazione dei costi personali. Concludemmo con un inno a Maria e chiedemmo la Sua benedizione. Non sapevamo ancora chi fossero le prescelte ed eravamo tutte in uno stato di attesa febbrile.

La comandante parlò di nuovo a voce alta: "Krysia ed Ewa... fatevi avanti."

Ci facemmo avanti, facemmo il saluto militare e restammo sull'attenti. *'Sono io, sono io'*, continuavo a ripetermi incredula, tremando come una foglia. Mi sentivo così indegna, eppure incredibilmente onorata.

Krysia andò per prima, poi arrivò il mio turno. Alzai la mano destra e presi a ripetere con la Comandante la stessa promessa che aveva fatto mia madre molti anni prima:

Con l'aiuto di Dio, prometto sul mio onore di fare del mio meglio per compiere il mio dovere verso Dio e verso il mio Paese, per aiutare il prossimo in ogni circostanza, e per osservare la legge scout.

La Comandante appuntò il simbolo della Croce sul tessuto di panno grigio della mia uniforme, mi strinse la mano e la cerimonia giunse a conclusione. Tornai tra i ranghi della mia squadra. Cantammo un ultimo inno patriottico e tornammo in silenzio al nostro campeggio. Tutte le ragazze erano commosse per la cerimonia, ma io ero in uno stato di esaltazione.

Mi sembrava che la mia vita fosse cambiata completamente. Ora avevo uno scopo che avrebbe dato significato a qualsiasi fardello e sacrificio. La mia vita era diventata degna di essere vissuta. Ormai ero una soldata consacrata e impegnata a vivere e morire per una causa sacra: Dio e la Polonia. Mi sentivo beata e fortunata ad essere nei ranghi di un esercito tale e al servizio di tali Comandanti. Ero sopraffatta dalla gratitudine. Rimasi sveglia a lungo, ringraziando Dio e pregando di avere la forza di fare sempre la sua volontà.

Quell'esperienza fu di gran lunga la più toccante e cruciale della mia carriera di scout. La porterò con me fino alla fine dei miei giorni. Anche se in seguito avrei acquisito una comprensione diversa di quel giuramento, rispetto a quella che avevo allora, mi sono comunque sentita ad esso per il resto della mia vita.

Eppure comprensione, sentimento e comportamento sono cose diverse. E la mia testa era già in procinto di separarsi dal mio cuore.

L'esperienza del Giuramento, per me, è stata il momento

culminante di molti anni di formazione intellettuale ed esperienze emotive e, a sua volta, ha influenzato profondamente la direzione che avrebbe preso la mia vita. Era come se il timone e le vele fossero stati impostati e mi stessero indicando la via per la ricerca della giustizia e della verità. Quelli erano i pensieri che occupavano la mia mente e appesantivano il mio giovane cuore. Non era giusto che la Gestapo avesse torturato e ucciso persone innocenti; non era giusto che le persone, soprattutto gli anziani, le donne e i bambini, fossero stati strappati dalle loro case e dalle loro vite e trattati come esseri sub-umani nei campi di concentramento; non era giusto che i sovietici avessero massacrato ventiduemila membri non armati dell'intellighenzia polacca nella foresta di Katyn, e che il mondo si rifiutasse di farli confrontare le loro responsabilità, negando anche il conforto della chiusura alle loro famiglie. E non era giusto che io avessi perso la mia amata patria.

Il giuramento non fece che intensificare ancora di più i miei sentimenti di patriottismo e il mio desiderio di dedicare la vita a una causa più grande dell'interesse personale. Il mio desiderio nostalgico per ciò che era stato perso e distrutto veniva placato dall'impegno nel servizio, che dava un significato e uno scopo profondo alla mia vita.

I miei sentimenti nostalgici erano fortemente esaltati dalla musica che preferivo ascoltare e dai libri che sceglievo di leggere. I preludi, i notturni e i concerti di Chopin che si ripetevano all'infinito sul nostro hi-fi erano pieni di tristezza e nostalgia per la stessa patria che io stavo piangendo. E anche l'Opera era piena di temi romantici: perdita, tradimento, eroismo e morte.

Il mio libro preferito era la *Trilogia*, un'epopea nazionale polacca composta da tre romanzi. L'autore l'aveva scritta durante un altro periodo infelice, quando la Polonia era stata divisa e smembrata dai suoi vicini. L'aveva dedicata al "sollevamento degli animi" del popolo oppresso. Per oltre cento anni avrebbe mantenuto un posto d'onore nei cuori polacchi perché raccontava una storia piena di lotte eroiche, sia contro gli invasori esterni che contro gli orgogli, l'avidità e la brama di potere che distruggono le nazioni dall'interno. Gli eroi patriottici, alla fine, dopo aver compiuto grandi sacrifici e gesta eroiche di coraggio, vengono ampiamente ricompensati o periscono tragicamente. Alcuni sono spinti nelle profondità della depravazione dall'ambizione sfrenata, e altri – come i personaggi di un dramma greco – discendono nell'oscurità quasi per un caso del destino, ma tutti sono rappresentati con i colori della vita reale. Quel libro è stata la fonte di ispirazione che ha alimentato tutti i miei sogni idealistici.

La mia vita interiore era molto intensa e spesso in conflitto con i bisogni e i desideri che solitamente animano le bambine e le ragazze adolescenti durante la crescita. Il desiderio di giocare e di divertirsi, così come la ricerca dell'approvazione e dell'amore, erano cose secondarie rispetto al dovere, che veniva sempre prima ed era ineludibile. Non c'era fine al dovere, e quindi c'era poco tempo per altre cose. Era difficile giocare con le bambole quando ero così consapevole del fatto che in quello stesso momento c'erano persone che morivano di fame e persone che venivano torturate e uccise. Sentivo un desiderio pressante di essere libera di essere me stessa e, più di ogni altra cosa, di essere ascoltata, ma quel bisogno rientrava nella definizione di puro egoismo.

Naturalmente, c'era un prezzo da pagare.

Tutta quell'intensità, unita al fatto che molti di quei conflitti interiori generavano un'enorme quantità di stress, era probabilmente la causa delle emicranie acute di cui stavo cominciando a soffrire. Da quel momento in poi avrebbero continuato a tormentarmi.

L'emicrania iniziava con un pulsare implacabile nella testa che si andava poi a trasformare in dolore acuto e disturbi visivi tra cui un'acuta sensibilità alla luce. Il dolore era esacerbato da attacchi di nausea e vomito, che a volte diventavano così gravi da farmi quasi perdere i sensi. Potevo solo sdraiarmi in posizione fetale e dondolarmi, gemendo per ore. Non riuscivo a mandare giù alcun farmaco e, in quelle rare occasioni in cui riuscivo a non rimettere, niente offriva sollievo.

E così, seppure sul piano intellettuale fossi devota al mio sacro dovere, lo stress di quella situazione iniziò a far ribellare il mio corpo.

Durante gli anni della mia crescita, le paure e gli attacchi di panico continuarono a tormentarmi senza sosta. Continuavo a cercare di superarli, e, crescendo, poiché me ne vergognavo molto, feci un enorme sforzo di volontà per nascondere le loro intrusioni rovinose. Per me erano segno di debolezza morale, una sorta di codardia. Se non potevo dominare le mie emozioni, potevo almeno nasconderle e non permettere loro di impedirmi di fare ciò che dovevo fare. Tuttavia, l'autocontrollo aveva un costo e non faceva che aumentare significativamente il mio stress.

Nell'estate del mio tredicesimo anno, al campo scout, decisi di puntare al distintivo di sopravvivenza nella natura perché speravo che mi avrebbe aiutato a vincere una volta per tutte le mie paure di rimanere da sola e al buio. Papà diceva sempre che le paure vanno affrontate, che non si deve scappare, e io stavo cercando di fare proprio quello: affrontare i miei demoni. Si trattava di un distintivo avanzato che richiedeva, tra le altre cose, la dimostrazione di capacità in settori come il primo soccorso, la conoscenza di piante e funghi commestibili e l'uso di una bussola per navigare i terreni sconosciuti. Completati tutti i requisiti, la prova finale consisteva nel trascorrere due giorni e una notte in un bosco sconosciuto, in completa autonomia, e uscirne con l'aiuto di una bussola. Naturalmente, come in tutte le attività scout, dovevamo osservare la regola secondo la quale non bisognava lasciare nessuna traccia.

La candidata veniva accompagnata ai margini della foresta e doveva proseguire da sola per qualche centinaio di metri, fino a quando la strada non sarebbe stata più visibile. Secondo le indicazioni, doveva continuare ad addentrarsi nel bosco per un'ora o più seguendo una determinata direzione della bussola e identificando i punti di riferimento lungo la strada, perché non c'era alcun sentiero. Una volta trovato un luogo adatto per l'allestimento del campeggio, si doveva procedere a prepararlo e quindi poi trascorrere il resto del tempo come meglio si credeva, osservando la natura e preparandosi a dare un resoconto completo del viaggio e delle attività svolte al ritorno. Il giorno seguente si doveva tornare al punto di partenza usando la sua bussola come guida. Il tutto iniziava la mattina presto e il rientro avveniva il giorno seguente tra le tre e le quattro del pomeriggio. Erano ammessi solo gli approvvigionamenti più elementari: bussola, coltello, torcia elettrica, fischietto, lenza, una piccola pentola e tre fiammiferi, una coperta di lana, una giacca antipioggia e un cambio di vestiti nel caso in cui ci fossimo bagnati. I viveri consistevano in una bottiglia d'acqua, alcune bustine di tè, dei pezzi di manzo essiccato e un piccolo sacchetto di uvetta e noci. Il resto si doveva raccoglierlo da soli.

Nel giorno stabilito per la mia prova la mattina era limpida e luminosa. Era stato un sollievo, perché negli ultimi due giorni avevamo avuto piogge e pioggerelline intermittenti, e passare due giorni e una notte nel bosco in quelle condizioni non sarebbe stato divertente. Poiché splendeva il sole, potevo sperare che l'umidità delle piogge precedenti si sarebbe presto asciugata, rendendo il mio viaggio più facile e confortevole.

La direzione che mi era stata assegnata era nord-nordest, e io iniziai a camminare prendendo nota degli alberi e delle rocce più particolari, che avrei potuto utilizzare come punti di riferimento al ritorno. C'era un clima perfetto per un'escursione. Il sole caldo penetrava nel bosco rendendolo luminoso e invitante, e la brezza che soffiava tra gli alberi e i cespugli teneva a bada gli insetti. Era luglio, troppo tardi per mirtilli e lamponi, ma fui molto felice di trovare alcuni cespugli di boysenberry (un ibrido tra il lampone e la mora) che non erano stati ancora scoperti dagli orsi e dalle altre creature, per cui avevano ancora un po' di bacche sui cespugli. Le raccolsi tutte e le conservai nel cappello per il pranzo.

Dopo diverse ore di escursione la giornata iniziò a diventare calda, la brezza si attenuò e apparvero le zanzare. Il terreno boschivo collinare divenne difficile da attraversare. Non c'erano sentieri naturali e dovevo tagliare attraverso canali pieni di sottobosco. Fortunatamente avevo un grosso coltello che potevo usare per farmi strada attraverso le masse aggrovigliate. La bussola mi stava portando su per una collina ripida e dopo un po' di tempo la topografia iniziò a cambiare. Gli alberi divennero più vecchi e più grandi e il sottobosco si assottigliò, rendendo il mio viaggio molto più facile.

Dopo un'altra ora circa iniziai a cercare un posto per il campeggio, ma, non avendo trovato alcuna fonte d'acqua, decisi di andare avanti. Poco dopo sentii il fruscio di un ruscello. Provai sollievo e seguii il suono, e presto mi ritrovai sul bordo di un ruscello di montagna in cui scorreva acqua fresca e limpida.

Mi precipitai a lavare il viso e le mani coperte di sudore e a bere un lungo sorso rinfrescante. Mangiai uno dei pezzi di carne essiccata e divorai tutte le bacche. Più tardi avrei cercato dell'altro cibo, ma non volevo esaurire la mia scorta finché non fossi stata sicura di trovare qualcosa di commestibile per la cena. Dopo aver bevuto ancora in abbondanza, mi misi a costruire un riparo per la notte, anche se era ancora primo pomeriggio. Volevo essere preparata.

Mi ci volle più tempo di quanto pensassi. Il mio piano era quello di individuare un albero adatto intorno al quale avrei eretto una sorta di tepee come quelli usati dai nativi americani, servendomi di tronchetti secchi e dei rami che avrei trovato per terra. Trovare l'albero fu facile ma individuare i tronchetti e i rami richiese molto tempo ed energia perché per tagliarli avevo solo un coltello. Nelle immediate vicinanze non c'era un'abbondanza di rami adatti. Alla fine misi insieme una costruzione rudimentale e usai il coltello per tagliare rami sempreverdi per coprire i tronchi e avere un po' di fondamento.

Ormai era tardo pomeriggio ed ero davvero stanca, ma sapevo di dover cercare da mangiare. Forse nel ruscello c'erano dei piccoli pesci, ma non mi entusiasmava l'idea di ucciderli, per cui andai a cercare cibo nei pressi del campo. Trovai dei funghi che avrei potuto arrostire su un bastoncino, ma nient'altro. Non volevo allontanarmi troppo perché temevo di non trovare la strada per tornare alla base.

Prima che riuscissi a tornare si era fatta sera e stavo morendo di fame. Il pranzo che avevo consumato era stato scarso ed erano trascorse molte ore.

Liberai un cerchio per il falò e lo delimitai con delle pietre del ruscello per tenerlo contenuto. In precedenza avevo raccolto un mucchio di esca secca e piccoli rami e li usai per accendere un piccolo fuoco. Accendere fuochi era una delle abilità che avevo imparato e, con l'aiuto di uno dei miei tre fiammiferi, fui in grado di accenderne uno piuttosto rapidamente. Avrei usato il secondo per la colazione e il terzo sarebbe rimasto di riserva per le emergenze. Mentre il fuoco si scaldava tagliai un bastoncino per i miei funghi e misi a scaldare un po' d'acqua per il tè. Presto i funghi stavano arrostendo sul fuoco e l'aroma mi stava stuzzicando ulteriormente la fame. Divorai altri due pezzi di carne essiccata e, infine, i funghi furono pronti. Non ho mai gustato un piatto gourmet più di quanto ho gustato quei semplici funghi. Terminai il pasto con un po' di noci e uvetta a mo' di dessert e feci scendere il tutto con un po' di tè caldo.

Mi ero riscaldata, mi ero riempita, ed ero molto stanca. Durante il giorno ero stata talmente attiva e impegnata che non avevo avuto il tempo o il lusso di pensare o preoccuparmi di nulla.

Ora, mentre mi rilassavo seduta vicino al fuoco, mi avvolse improvvisamente un senso di ansia. Ero lì tutta sola in una foresta selvaggia e stava per cadere l'oscurità. *Se dovesse succedere qualcosa e se dovessi gridare in cerca di aiuto, non mi sentirebbe nessuno.* Era un pensiero spaventoso. Ma l'oscurità arriva tardi a luglio e avevo altre due ore prima del calare della notte.

Sapevo che se fossi stata seduta lì per due ore, le mie paure si sarebbero trasformate in un vero e proprio attacco di panico, e quella prospettiva era orribile. Così mi costrinsi ad alzarmi, a coprire il fuoco e andare in cerca di tracce di animali intorno all'accampamento. Vicino al ruscello trovai tracce di procione, lince rossa, coyote, molti cervi e altri animali che non riuscii a identificare. Seguii a lungo il sentiero dei cervi sapendo che avrei potuto usarlo per tornare sui miei passi, ma a un certo punto persi le tracce in un boschetto. Il coyote doveva aver corso lungo il ruscello per un po', potevo vedere chiaramente i suoi segni, ma poi doveva avere attraversato l'acqua poco profonda. Tuttavia, non volendo bagnarmi, smisi di seguire anche quelle tracce. Fortunatamente la brezza si alzò di nuovo e l'aria della sera si raffreddò, facendo sì che le zanzare non fossero un problema.

Ormai erano quasi le dieci e l'oscurità cominciò a calare.

Rientrai al campo. Ero così esausta che mi spruzzai dell'acqua sul viso e, senza nemmeno preoccuparmi di lavarmi i denti, mi avvolsi nella coperta di lana, mi tolsi le scarpe e mi buttai sul mio letto di rami di pino usando la giacca come cuscino. Mi addormentai all'istante.

Era notte fonda quando fui svegliata dal suono di cani che abbaiavano e mi alzai di scatto. Il cuore mi stava martellando il petto. I cani significavano persone e le persone significavano pericolo. Soprattutto nella foresta e nel pieno della notte. La luna piena gettava un bagliore bianco sul paesaggio e io controllai tremante il mio orologio: era l'1:20 del mattino. Luglio non rientrava nella stagione della caccia, pensai, e comunque i cacciatori la notte non usano i cani. Sentii il freddo dell'aria notturna e mi strinsi la coperta intorno alle spalle.

Respira, respira, mi dissi. *Devi rimanere calma e lucida. Niente panico.*

Ma c'era una parte di me che gridava, spaventata, *Stanno venendo a prendermi e non posso scappare, ho tanta paura.*

Il mio lato razionale, con una voce che sembrava parlare di una notte di molto tempo prima, ribatté: *Smettila, smettila! Non sai chi sono. Molto probabilmente non sanno dove siamo e non ci troveranno al buio.*

No, i cani ci troveranno! Ho tanta paura. Non saremmo mai dovute venire qui. Ci moriremo, qui.

"Combatteremo", sussurrai tra me e me, stringendo il coltello.

Ascoltai attentamente e con ogni fibra del mio essere, cercando di determinare la direzione del suono e di capire se si stesse avvicinando. Era ancora piuttosto distante. C'era qualcosa di strano nel verso dei cani, non sembrava il suono di quando erano alla ricerca di una preda. Erano una serie di versi brevi che andavano trasformandosi in guaiti. Poi arrivò un lungo ululato inquietante.

In quell'istante capii di cosa si trattava. Tirai un sospiro di sollievo e sentii il mio corpo rilassarsi. Non erano cani. Erano coyote e, a giudicare dai guaiti, viaggiavano con i cuccioli.

Ero una ragazza di campagna, cresciuta ai margini della foresta con un padre che sapeva molto sugli animali e che mi aveva trasmesso sia il suo rispetto per loro che le sue conoscenze su come comportarsi intorno a loro. Chi veniva a farci visita dalla città si meravigliava che passassi intere giornate da sola nei boschi pieni di animali selvatici di tutti i tipi. "Non hai paura degli orsi?" Mi chiedevano.

Ma io non avevo paura, non degli animali. Sapevo che gli animali selvatici non avevano intenzione di attaccarmi e che se mi fossi tenuta lontana e avessi evitato di sorprenderli facendoli sentire con le spalle al muro, non avevo nulla da temere. Non erano gli animali selvatici a spaventarmi.

Erano gli esseri umani.

Non appena riconobbi l'ululato del coyote, ebbi la sicurezza di essere al sicuro. Il mio corpo però era in piena allerta e il mio sangue era ancora pieno di adrenalina. Sarebbe stato difficile riprendere sonno subito, per cui passai molto tempo seduta a guardare la notte illuminata dalla luna e ad ascoltare i suoi suoni magici, così diversi da quelli sentiti durante il giorno. Gli uccelli dormivano tutti tranne i gufi, che bubbolavano periodicamente e sembravano richiami misteriosi. La luna si era abbassata, e io mi sdraiai di nuovo, nell'oscurità che precede l'alba, con la speranza di riuscire a riposare un altro po' prima del mattino.

Passarono alcuni minuti. Ero in dormiveglia... ma a un tratto sentii dei passi.

Spalancai gli occhi, improvvisamente del tutto sveglia, e afferrai il mio coltello. Tuttavia, ero talmente stanca, talmente esausta per via dell'episodio precedente, che non riuscì nemmeno a mettermi a sedere. Rimasi rannicchiata in posizione fetale, infreddolita e completamente immobilizzata dalla paura. Non potevo fare altro che tenere stretto il coltello e, con l'udito in modalità ipersensibile, ascoltare i passi che si avvicinavano. Questa volta non c'era nessun dialogo interno, nessun piano di difesa, nessun pensiero di azione. Le mie energie si erano esaurite e io rimasi lì ad aspettare quello che sarebbe accaduto.

I passi si avvicinarono sempre di più finché non si fermarono appena fuori dalla mia capanna. Nel buio non riuscivo a distinguere la forma, ma percepivo il forte senso di una presenza fisica.

Se entra, mi ucciderò, pensai, premendomi la lama vicino al petto. Quel pensiero disperato mi calmò un po' e continuai ad aspettare. Trattenni il fiato.

Io e il mio avversario rimanemmo lì in completo silenzio e in una specie di stallo, come in attesa di vedere chi avrebbe fatto la prossima mossa.

Alla fine, sentii un fruscio e passi che si allontanavano fino a svanire in lontananza. Per molto tempo non mi mossi e non feci alcun rumore. Fu solo quando apparve la luce del mattino e gli uccelli iniziarono il loro coro segnando l'inizio di un nuovo giorno che finalmente caddi in un sonno agitato.

Quando mi svegliai ero in uno stato di confusione per via del sonno interrotto e degli eventi emotivamente drenanti della notte, e mi resi conto che era tarda mattinata. Accesi rapidamente un fuoco per farmi una tazza di tè caldo e cercai di non pensare a quello che era successo e a quanto fossi terrorizzata. La giornata era luminosa e soleggiata e avevo molto lavoro da fare. Dovevo scomporre la mia capanna e spargere i tronchi e i rami come se non fossero mai stati raccolti da terra. Non avendo fame, bevvi solo due tazze di tè e poi, per compensare la sera precedente, mi lavai i denti e mi lavai scrupolosamente nel ruscello freddo. Così facendo mi svegliai completamente e ripristinai le mie energie ritardate.

Per prima cosa mi dedicai al sito del falò, che doveva essere completamente ripulito e spento. Riportai le pietre che lo circondavano al ruscello e coprì il piccolo sito prima d'acqua e poi di foglie e ramoscelli. Smontare la capanna fu facile. La parte più difficile fu trascinare i tronchi nei vari luoghi dove si sarebbero potuti mescolare con il paesaggio naturale. Finito il lavoro, il sole aveva superato il mezzogiorno. Mangiai il resto della carne essiccata e le noci, ma conservai l'uvetta per dopo, come razione di emergenza. La mia attrezzatura era già pronta nello zaino e, dopo aver rifornito la mia scorta d'acqua, iniziai il viaggio di ritorno verso la civiltà.

Dal momento che il giorno precedente avevo fatto un'escursione verso nord-nordest, per rientrare dovevo andare verso sud-sud-ovest. Sebbene avessi prestato molta attenzione ai punti di riferimento lungo il percorso, ero contenta di poter seguire la bussola, perché la mia mente e la mia memoria erano ancora piuttosto nebulose per via della notte precedente. Seguire la bussola non fu difficile, e di tanto in tanto potevo riconoscere i punti di riferimento che avevo notato il giorno prima. Arrivai al punto di raccolta con circa mezz'ora di anticipo e rimasi nascosta fino all'ora stabilita.

Quando ci riunimmo la capogruppo mi chiese se era andato tutto bene e io le risposi affermativamente. Lei si congratulò con me per aver completato con successo una prova difficile.

Ero troppo felice di aver perseverato nonostante le mie paure. Ero davvero orgogliosa di me stessa. Quando i miei amici mi domandavano se avessi avuto paura, rispondevo: "Certo, fa sempre paura stare da soli nel bosco durante la notte."

Ma non elaboravo. Nel raccontare la mia avventura, prima al

campo e poi a casa, non ho mai parlato di quello che era successo veramente quella notte. Mi vergognavo della mia paura.

Col senno di poi, mi sono resa conto che stavo semplicemente sperimentando delle reazioni da stress post-traumatico molto tipiche per il mio stato fisico e psicologico. Il disturbo post-traumatico da stress (PTSD), precedentemente etichettato nei combattenti come "nevrosi da guerra", è ora riconosciuto in psicologia come una condizione grave che può colpire non solo i soldati, ma chiunque sia stato esposto a situazioni profondamente traumatiche, durante le quali erano intensamente spaventati, vulnerabili e indifesi. Il PTSD ha un impatto negativo sulla qualità della vita, ostacola il successo nelle relazioni interpersonali e sul lavoro e causa anche una perdita di interesse per le attività precedentemente apprezzate, distacco emotivo e intorpidimento. Colpisce la personalità causando irritabilità o provocando esplosioni di rabbia. Spesso si accompagna con l'ansia, la depressione o l'abuso di sostanze. I tre principali tipi di sintomi che caratterizzano il PTSD sono: rivivere l'evento nel presente, evitamento e aumento dell'eccitazione. Io li ho vissuti tutti.

Trami emotivi gravi hanno effetti pervasivi e negativi sullo sviluppo di bambini e adolescenti. I bambini e gli adolescenti che hanno subito traumi sono spesso in uno stato di preoccupazione per i pericoli e le proprie vulnerabilità e a volte si sentono in pericolo in situazioni che non sono affatto minacciose. Il trauma indebolisce il loro senso di sicurezza e la fiducia nell'idea che i genitori possano proteggerli. In me ha ostacolato il senso dell'avventura e mi ha reso eccessivamente cauta, avversa al rischio, con il timore del cambiamento e delle novità. Mi faceva anche stare sempre all'erta, con una paura costante della solitudine e dell'abbandono.

Numerosi studi hanno dimostrato che i genitori che soffrono di PTSD, come i miei, non possono rispondere in modo appropriato ai loro figli o alle loro reazioni al trauma. E che il trauma non trattato durante l'infanzia spesso porta al PTSD in età adulta.

Una caratteristica comune del PTSD è quella di rivivere gli eventi traumatici passati nel presente in modo intrusivo, cosa che innesca tutte le risposte emotive e fisiologiche associate al trauma originale.

Per me, le risposte fisiologiche includevano: palpitazioni e battito cardiaco accelerato, tremori di varie intensità, respiro affannoso, dolore toracico e nausea. I sintomi psicologici di un aumento dell'eccitazione, che sperimentavo abitualmente durante quegli episodi, erano: difficoltà di concentrazione, allerta e diffidenza esagerate, irritabilità, difficoltà ad addormentarsi o a rimanere addormentata e impressionabilità. Tali episodi, a tutti gli effetti attacchi di panico, diventano auto-perpetuanti perché l'esperienza del trauma in tempo reale ha anche l'effetto di ri-traumatizzare. Durante gli episodi sentivo solo la paura che si intensificava fino a diventare terrore.

Come molte persone che soffrono di disturbo post-traumatico da stress, ho ripetutamente rivissuto il trauma sotto forma di incubi notturni e attacchi di panico diurni. Ho cercato di tenerli a bada evitando qualsiasi stimolo che potesse innescarli. Ad oggi, non guardo film o leggo libri che descrivono o raffigurano la violenza in modo esplicito. Questo significa niente film di guerra, niente documentari che contengono scene violente e niente notiziari che mostrano vittime di violenza, anche accidentale. Una cosa fastidiosa per mio marito e per gli amici, che a volte desiderano condividere uno spettacolo, ma per me tali argomenti sono troppo spaventosi e dolorosi. Sono talmente ipersensibile al dolore che quando vedo qualcuno soffrire, anche se si tratta di un animale, sperimento il dolore nel mio corpo.

Naturalmente, qualsiasi discorso su "La Guerra" o sull'Olocausto è stato rigorosamente proibito per anni. Praticando l'evitamento ho cercato di navigare il campo minato degli incubi e degli attacchi di panico che stavano distruggendo la mia vita.

VENTI
VALORI

QUANDO SI TRATTAVA DI SUCCESSI, soprattutto rispetto alle aspettative di mio padre, non c'era tregua. Mi spingeva a eccellere in ogni modo possibile e l'istruzione non faceva eccezione. Dovevo fare tutto al meglio e dovevo farlo più velocemente degli altri. Avevo saltato un anno di scuola elementare e avevo preso la licenza media a dodici anni e mezzo, la più giovane della mia classe. Dopodiché i miei genitori hanno dovuto affrontare un po' di problemi economici per mandarmi in un collegio eccellente, la Westover School for Girls. All'inizio detestavo andarci perché lo sentivo come un nuovo abbandono... come se fossi stata mandata via da casa. Ma alla fine del primo anno la amavo. La missione della scuola era quella di far diplomare giovani donne autosufficienti e indipendenti.

Per me fu il primo assaggio di potenziale libertà e l'inizio di una leggera resistenza alle pressioni dei miei genitori... una resistenza che alla fine si sarebbe evoluta in qualcos'altro.

I miei genitori mi amavano. Mi avevano inconsapevolmente preparata per la vita nell'unico mondo che conoscevano: un mondo del passato, il loro mondo, e non il mondo in cui vivevo io. Aggrappandosi ancora al sogno di tornare indietro, avevano cercato di trasmetterci le aspirazioni e gli obiettivi che si addicevano a un momento storico che era svanito con la fine della seconda guerra mondiale. Tutto ciò mi è perfettamente chiaro ora... ma, naturalmente, allora non lo era. Sentivo soltanto il bisogno di allontanarmi.

I miei genitori erano persone in esilio e hannosubìto quel tipo di trauma che Armstrong descrive così bene:

"Gli sconvolgimenti violenti del ventesimo secolo hanno lasciato milioni di persone senza abitazione in uno sradicamento traumatico dopo l'altro. L'esilio, naturalmente, non è semplicemente un cambio di indirizzo. È anche una dislocazione spirituale. Antropologi e psicologi ci dicono che gli sfollati si sentono persi in un universo diventato improvvisamente alieno. Una volta sparito il punto fisso della propria casa, c'è una fondamentale mancanza di orientamento che fa sembrare tutto relativo e senza scopo. Tagliati fuori dalle radici della loro cultura e della loro identità, migranti e rifugiati possono sentirsi come se in qualche modo si stessero estinguendo e stessero perdendo consistenza. Il loro mondo - indissolubilmente legato al loro posto nel cosmo - è letteralmente giunto al termine."

KAREN ARMSTRONG: *THE SPIRAL STAIRCASE*, PAGG. 23-24

Non essendosi resi conto di essere rimasti sigillati in una capsula temporale di un periodo che era finito per sempre, i miei genitori non furono in grado di fare esperienza dei cambiamenti evolutivi in corso nel mondo, né di prenderne parte o di apprezzarli. Le due guerre mondiali hanno cambiato il mondo in modo sostanziale. La Russia, la Germania e l'Austria hanno attraversato cambiamenti importanti a seguito della Prima, ma la Seconda Guerra Mondiale ha cambiato la Polonia in modo talmente profondo da trasformarla in un Paese intrinsecamente diverso da quello che avevano conosciuto e che erano stati costretti a lasciarsi alle spalle.

I miei genitori non hanno dovuto elaborare le profonde

differenze tra la Polonia prebellica e gli Stati Uniti. Potevano semplicemente liquidare tutto come qualcosa che apparteneva a un'altra cultura, a un altro mondo. Non avevano alcun desiderio di diventare americani, per cui le differenze hanno potuto semplicemente ignorarle e rifiutarle. E potevano anche respingere i cambiamenti radicali che si stavano verificando nella Polonia del dopoguerra, che vedevano come deviazioni temporanee attribuibili al regime comunista imposto dai sovietici. Vivevano nella fervida speranza che quelle sfortunate deviazioni sarebbero state invertite quando il loro amato Paese sarebbe stato finalmente liberato.

Per vent'anni hanno vissuto isolati in un'epoca passata e hanno fatto desiderare anche a noi un Paese che non esisteva più. Inoltre, senza competenze o modelli di genitorialità, non avevano esempi da seguire o qualcuno a cui rivolgersi per ricevere aiuto e consigli. La cosa ha lasciato cicatrici permanenti sia su di me e sulle mie due sorelle minori con le quali ho fatto l'epico viaggio verso queste terre, sia sulla sorellina che si è poi unita a noi, nata in America ma ancora incapace di parlare inglese quando ha iniziato l'asilo.

Nel descrivere le mie esperienze da bambina, potrei aver dipinto un quadro distorto dei miei genitori. Mio padre sembra freddo e duro, e mia madre sembra indifferente davanti alla mia angoscia. Non ci potrebbe essere niente di più lontano dalla verità. Nessuno dei due aveva alcuna esperienza o aveva avuto modo di osservare alcun modello di educazione dei figli in azione. Proprio come loro durante la loro infanzia, anche noi, fino al nostro arrivo in questo Paese, eravamo state curate e allevate da tate e governanti. I miei genitori si trovarono improvvisamente con tre bambini di età compresa tra i tre e i sei anni, che erano quasi degli estranei e che ora dovevano accudire e crescere da soli. Sarebbe stato troppo per chiunque, specialmente nelle circostanze difficili che hanno dovuto affrontare.

È necessario ricordare che le pratiche di educazione dei figli a quei tempi erano molto diverse da quelle moderne. Ai bambini veniva dato da mangiare, cambiato il pannolino e imposto il riposo secondo un programma regolare da cui non si deviava mai e che non era adattato per soddisfare le esigenze individuali. I bambini che piangevano non venivano confortati per paura di poterli viziare. I bambini venivano disciplinati "per il loro bene". Un buon genitore aveva la responsabilità di crescere bambini ben educati e responsabili, che sarebbero diventati buoni cittadini e che avrebbero dato il loro contributo alla società. La felicità del genitore o del figlio non faceva parte dell'equazione.

Qualunque cosa abbiano fatto i miei genitori, l'hanno fatta nella convinzione che stessero facendo la cosa giusta. Era loro dovere allevare bene le loro figlie e non si sono mai sottratti al loro dovere. A tal fine hanno fatto molti sacrifici personali. Entrambi ci amavano veramente, anche se non sapevano come dimostrarlo e temevano che qualsiasi dimostrazione di affetto o approvazione ci avrebbe viziate e ci avrebbe rese egocentriche o moralmente deboli. Nonostante i molti errori dolorosi che hanno commesso, le loro intenzioni sono state sempre buone e hanno sempre fatto ciò che ritenevano giusto. Avevano integrità. Una cosa per cui li amo e li rispetto.

Tuttavia, se è vero che mi hanno amata e che hanno fatto del loro meglio, è anche vero che a volte il loro meglio non è stato abbastanza, e che i traumi e i danni che hanno subìto hanno danneggiato anche me. Le energie femminili di mia madre, che erano state svuotate di potere, non riuscivano a bilanciare le energie patriarcali, autoritarie e di controllo incarnate da mio padre. La sua distanza emotiva mi ha lasciata priva di protezione davanti alla violenza fisica e psicologica della mascolinità tossica.

Quando ero all'università mia madre si è ammalata di cancro e per diversi anni, durante quella malattia, mio padre mi ha tenuta a distanza nella convinzione che la mia crudezza e intensità emotiva fossero troppo per lei. Mia madre è morta a casa tra le braccia del marito e di due delle sue figlie. Io a quel tempo vivevo a New York, a due ore di distanza, con la mia sorella minore. Papà ci ha informate della sua morte solo quando era tutto finito. Ci precipitammo a casa, ma ormai era troppo tardi. A titolo di spiegazione per quella chiamata fatta in ritardo, mi disse: "In ogni caso, non avresti potuto fare niente." Non gli è mai venuto in mente che avrei potuto dirle addio. Mi ci sono voluti molti anni per perdonarlo, e molti altri perché l'amarezza svanisse. Non ho mai potuto elaborare pienamente la morte di mia madre o il fatto che non ho mai potuto condividere con lei l'amore che entrambe abbiamo provato, ma che non sapevamo come esprimere.

Alla fine, entrambi i miei genitori mi hanno insegnato la responsabilità, il dovere e il servizio verso il prossimo, nonché l'amore per Dio. Questi valori e questi ideali sono rimasti con me per il resto della mia vita. La vita di mia madre è stata indubbiamente una vita di servizio, ma allora non riuscivo a percepirne il significato più profondo. Vedevo solo quello che c'era in superficie: una moglie modello che ha lavorato fino alla morte al servizio degli altri (anche se non delle sue figlie). Inizialmente non volevo seguire il suo esempio e ho passato l'adolescenza a ribellarmi. Più tardi, dopo essermi sposata, ho cercato di emularla nella speranza che in quel modo mio marito mi avrebbe messa su un piedistallo come credevo che mio padre avesse fatto con lei.

VENTUNO
RIBELLIONE

Tornando alla scuola superiore...

In quel periodo ho iniziato a mettere in discussione l'obbedienza cieca alla Chiesa cattolica. Sebbene avessi un forte senso della realtà di Dio, la Chiesa non aveva alcun significato per me e mi sentivo più legata al Divino durante i cosiddetti servizi di cappella non confessionali (in realtà anglicani) a cui partecipavamo due volte al giorno, che la domenica durante la Messa. I servizi della cappella erano brevi e semplici e i bellissimi inni evocavano in me una sensazione numinosa.

Iniziai a documentarmi sulle diverse religioni. Lessi la Bhagavad Gita, il Corano, i detti di Confucio e gli insegnamenti di Buddha. Paradossalmente, non lessi la Bibbia. Forse perché la Chiesa insegnava che i laici non avrebbero dovuto leggerla, per paura che la fraintendessero o male interpretassero. Avevo solo tredici anni e non capivo molto di quello che stavo leggendo, ma mi resi conto che esistono molti percorsi diversi che portano a Dio. Mi chiedevo come mai la maggior parte delle religioni credessero di essere l'unica vera religione e giunsi alla conclusione che nessuna lo era, o forse, in qualche strano modo, lo erano tutte. Avevo più domande che risposte, ma sapevo che non avrei mai potuto tornare all'accettazione cieca e all'obbedienza.

Ero arrivata ad amare la Westover, dove, per la prima volta in vita mia, mi sentivo accettata. La mia diversità veniva riconosciuta, ma non rifiutata. Il giornale scolastico aveva pubblicato un articolo con una mia foto insieme a una compagna di classe di nazionalità britannica, celebrandoci come le studentesse "internazionali" della scuola. Mio padre, tuttavia, non era affatto soddisfatto della filosofia della scuola. Disse alla preside che non voleva che sua figlia diventasse indipendente dalla famiglia e alla fine dell'anno mi ritirò contro la mia volontà per mandarmi in una scuola cattolica.

Poiché non c'erano scuole superiori cattoliche private nelle vicinanze, scelse una scuola eccellente che si trovava a Baltimora, nel Maryland. Per me fu devastante. Mi stavano mandando ancora più lontano da casa e io non volevo frequentare un istituto cattolico. Dato che si trattava di una scuola diurna, mio padre mi mandò a vivere con una famiglia polacca di Baltimora. Aveva insistito perché entrassi in terza, per cui a tredici anni e mezzo mi stavo unendo a una classe di ragazze di sedici anni e oltre.

Nonostante le mie paure e le mie aspettative negative, la scuola si rivelò piuttosto meravigliosa e ho imparato a volere molto bene alle ragazze della mia classe e alle suore che insegnavano lì.

Nonostante ciò, la padrona della casa in cui vivevo non ha mancato di fornire nuove sfide alla mia crescente resistenza alle pressioni degli adulti. Pensava di agire *in loco parentis* e cercava di controllarmi e limitarmi nei modi più inappropriati. Sebbene non fossi né pronta né disposta a mettere in discussione l'autorità di mio padre, non mi sarei mai e poi mai sottomessa alla sua. Litigavamo in continuazione, finché a un certo punto non decisi di metterla al suo posto una volta per tutte.

Durante le vacanze di Natale dissi a papà che volevo provare a fumare. Mi disse che era un'abitudine ripugnante e che avrebbe voluto poterla superare lui stesso. A quel punto gli feci notare che sia lui che mia madre fumavano sigarette, così come anche le altre persone con cui vivevo, per cui volevo provare anch'io. Inoltre, gli feci notare che stavo parlando apertamente e onestamente delle mie intenzioni invece di farlo in segreto come molte ragazzine della mia età. Era un'argomentazione decisamente razionale, e papà rimase perplesso. Ne discusse con mia madre e insieme decisero che sarebbe stato meglio se l'avessi fatto apertamente, quindi mi diedero il loro permesso poco entusiasta.

Quando tornai a Baltimora mi accesi una sigaretta. La padrona di casa andò su tutte le furie. Le dissi che avevo il permesso dei miei genitori. Mi disse che ero una bugiarda e chiamò prontamente mio padre. Lui confermò le mie parole spiegando il suo ragionamento e lei, ancora fuori di sé, mi disse che potevo farlo solo nella mia stanza. La mia scrivania era rivolta verso la porta che si affacciava sulla tromba delle scale. Io la tenevo aperta e, non appena sentivo la malvagia padrona di casa salire i gradini, mi accendevo una sigaretta per poi spegnerla non appena passava oltre.

A dire il vero, odiavo sia l'odore che il sapore del tabacco bruciato e non ho mai preso l'abitudine. L'unica volta che ho fumato è stata quella, per darle fastidio. Dentro di me cresceva la volontà di resistere.

Dopo il diploma di scuola superiore sarei dovuta entrare al Manhattanville College of the Sacred Heart. Non avevo scelto io quel college e non ho idea di come fossi riuscita a ottenere una borsa di studio completa per quella costosa scuola privata per ragazze cattoliche, ma mio padre ne era felice. Era un grande ammiratore dei Kennedy e le loro figlie l'avevano frequentata. Io, tuttavia, non volevo andare né in un'altra scuola cattolica, né in un altro collegio femminile. Volevo andare in un'università di tipo europeo. Volevo andare all'Università di Montreal, dove avevo frequentato un corso estivo durante l'estate successiva al diploma di scuola superiore. Quell'università aveva un dipartimento di studi slavi e io volevo studiare la mia eredità culturale, dissi a mio padre. La verità era che volevo essere un'adulta indipendente. Volevo vivere per conto mio e andare a lezione con altre donne e uomini adulti.

Inizialmente mio padre rifiutò la mia richiesta. Mi iscrisse al Manhattanville, che sarebbe stata "la fine" della mia vita da giovane donna e dove avrei incontrato giovani uomini provenienti da college della Ivy League e da un background simile al nostro, uno dei quali sarebbe senza dubbio diventato mio marito. Ma io ho esercitato pressioni incessanti, usando la mia logica ben sviluppata per presentare argomenti razionali e persuasivi sulla mia necessità di approfondire la conoscenza della Polonia e dei Paesi vicini. Alla fine, mio padre cedette.

Il dipartimento di Studi slavi e dell'Europa orientale era popolato per lo più da adulti che lavoravano durante il giorno e si formavano per una seconda carriera. Molti erano persone come i miei genitori, rifugiati proveniente dai Paesi comunisti dell'Europa. C'erano pochissimi studenti poco più che ventenni, la maggior parte aveva più di trent'anni. Io avevo quindici anni e mezzo, non ero mai stata una lavoratrice stipendiata e non avevo mai vissuto da sola. In effetti, avevo condotto una vita molto protetta. Pensavo di essere molto cresciuta, e invece non lo ero. Tuttavia, anche se avevo ancora il sostegno economico di mio padre, quello è stato il mio primo passo nel mondo. Ed è stato un passo molto importante sulla strada verso l'indipendenza.

Durante l'estate successiva al mio primo anno di college ci fu un enorme raduno scout in Michigan. Dovevamo andarci sia io che le mie sorelle, e anche mia madre. Ma dentro di me stava emergendo una nuova voce. Dissi a mia madre che non ci volevo andare.

"Rispetto gli obiettivi dello scoutismo", le dissi, "ma a me non piace. E poi odio il campeggio." La mia idea di divertimento consisteva nello stare sdraiata in una stanza fresca a leggere un buon libro e ascoltare buona musica, senza dover vagare per i boschi caldi e umidi o doversi bagnare sotto la pioggia. Non ero una persona avventurosa e non mi piaceva lo sforzo fisico. Lo sfarzo e il fervore patriottico mi attiravano, e adoravo cantare intorno al falò, ma non volevo andarci. Tuttavia, dopo molte pressioni e ricatti emotivi da parte dei membri della famiglia, ho ceduto e ci sono andata. Ma fu l'ultima volta. Non ho più partecipato a un altro campeggio o evento scout, se non come ospite. Avevo iniziato a scoprire cosa volevo e cosa non volevo fare e ad affermarmi.

Continuavo a mettere in discussione i dogmi e le posizioni della Chiesa sulle questioni sociali. A quel tempo la contraccezione e l'aborto erano oggetto di dibattiti accesi, come lo sono ancora oggi. Non riuscivo a capire come ci si potesse opporre a entrambi. Senza la contraccezione le persone avrebbero avuto gravidanze indesiderate, che era proibito interrompere. Avrebbero messo al mondo bambini che non avevano le risorse per crescere, col rischio di privare loro e i loro fratelli o sorelle maggiori delle necessità primarie della vita. La vita di alcune madri può essere messa in pericolo da altre gravidanze e può portare a una morte che si lascia dietro giovani orfani. Molti bambini indesiderati nascerebbero per soffrire. Al tempo mi rivolsi a preti eminenti per cercare una risposta a queste domande, ma nessuno, nemmeno i gesuiti della mia Università, hanno saputo rispondere. Tutti hanno riconosciuto la validità delle mie preoccupazioni e mi hanno potuto solo consigliare di accettare le decisioni della Chiesa per fede. Per me la cosa era inaccettabile, e alla fine ho smesso completamente di andare in chiesa, a parte quando tornavo a casa in visita. Sapevo quanto sarebbe stata dolorosa la mia decisione per papà e non volevo ferirlo.

All'età di diciotto anni abbandonai la religione con cui ero cresciuta e l'impegno che avevo preso con le scout e che sarebbe dovuto durare per il resto della mia vita. Ma non avevo rinunciato al patriottismo o all'orgoglio nazionale. Il patriottismo e la mia patria perduta confermavano la mia identità di esule e convalidavano il senso di alienazione e nostalgia che permeava la mia vita emotiva. Il senso di perdita è un "conservante magico", e in effetti il mio desiderio romantico per una Polonia che non esisteva più alimentava la mia malinconia.

I sentimenti di infelicità e nostalgia profonda mi perseguitavano, così come gli incubi e gli attacchi di panico. A mano a mano che entravo nel mondo degli adulti e mi allontanavo dalla familiarità domestica, iniziavo a staccare gli ormeggi e a mettere in discussione il significato e lo scopo della mia vita. Cominciavo a sentirmi completamente alla deriva in un mare vasto e inesplorato.

Avevo abbandonato la Chiesa, ma non ho mai perso la mia fede in Dio o la mia connessione personale con Cristo. Non pregavo regolarmente e non Gli prestavo molta attenzione, quindi non saprei spiegare come o perché sia rimasto una figura importante nella mia vita, o perché credessi nella sua esistenza e divinità. Ma era semplicemente così. Forse era la mia unica ancora; Colui che era sempre presente. E sapevo che non mi avrebbe mai fatto del male, una sicurezza che non potevo avere su nessun altro.

Emotivamente ero ancora una bambina. Il mio passato traumatico aveva ostacolato il mio normale sviluppo psicologico ed emotivo. Avevo paura dei sentimenti e non ero per niente in sintonia con le mie emozioni, ma ero molto orgogliosa e sicura della mia intelligenza, per cui mi relazionavo con le persone sul piano intellettuale. Non riuscivo ad avvicinarmi veramente a nessuno per paura di essere abbandonata o ferita, o per paura che mi fosse portato via. La sensazione di timore di fondo era così travolgente che non lasciava spazio ad altre emozioni. Ero sempre in modalità di attacco o fuga, iper-vigile, e valutavo ogni situazione e persona sulla base del potenziale pericolo.

Una sera, verso le dieci, stavo tornando a casa dopo le lezioni. La strada era deserta e le finestre di casa erano buie. Evidentemente la mia padrona di casa era non era ancora rientrata. Mentre ero lì sul portico buio, che armeggiavo con la chiave, sentii il rumore di una motocicletta e iniziai a sudare freddo. Il cuore mi batteva forte, aspettavo il momento dell'attacco. Sentii i passi che temevo e una mano sulla bocca mi impedì di urlare. Era un incubo che stava diventando realtà, quello in cui cercavo di gridare aiuto ma dalla mia bocca non usciva alcun suono. Alla fine, la presa sulla mia gola si allentò e riuscii a respirare. I passi svanirono in lontananza. Girai la chiave e incespicai dentro casa. Quando tornò la padrona di casa mi trovò nel corridoio, presa dal tremore. Le raccontai cosa era successo e lei chiamò la polizia. La pregai di non farlo perché, anche se non potevo ammetterlo davanti a lei, non ero del tutto sicura se l'incidente fosse realmente accaduto o se fosse stato il prodotto della mia mente febbrilmente terrorizzata.

Ma la polizia venne e io raccontai loro l'accaduto. A quanto pareva, nel quartiere erano stati riportati altri incidenti in connessione con un motociclista, quindi mi presero sul serio. Il giorno dopo fui chiamata in stazione per guardare una fila di sospetti che indossavano tutti giacche di pelle. Non avevo mai visto il volto del mio aggressore reale o immaginario, quindi non potevo identificare nessuno. L'intera vicenda fu un calvario straziante.

Desideravo amore e accettazione, ma su una base del tutto poetica e idealistica. Quando un giovane cercava di corteggiarmi, ero completamente ignara delle sue intenzioni e pensavo che fosse semplicemente gentile. Lo consideravo un buon amico, e quando, alla fine, diventava chiaro che voleva di più, mi sentivo tradita. Non avevo mai imparato a formare relazioni tra pari. Ero orgogliosa del fatto che la mia migliore amica ricevesse cioccolatini, mentre io ricevevo fiori e poesie.

Avevo un promesso sposo immaginario che era stato ucciso durante la rivoluzione ungherese, e la cui morte spiegava la mia costante tristezza e il mio disinteresse per le altre avances romantiche. Potrebbe sembrare una cosa piuttosto estrema, e in un certo senso lo era. Ma si adattava perfettamente alle mie circostanze. Ero stata cresciuta per recitare un ruolo eroico in un dramma storico. Mi sentivo diversa, separata dagli altri, ed ero terrorizzata dall'intimità. In un certo senso, mi vedevo come un'eroina tragica e romantica che doveva essere amata e ammirata da una certa distanza. Quella storia di fantasia si adattava a tutte le mie esigenze: era melodrammatica, romantica e serviva a tenere gli altri a distanza di sicurezza.

A quel punto avevo sviluppato una forte sinestesia tra immagini e sentimenti. Le immagini proiettate dalla mia mente erano immediatamente infuse di sentimenti molto potenti. Quando immaginavo il bel giovane morto e ucciso per la libertà del suo Paese, provavo immediatamente immenso dolore, tristezza e amore. Quei sentimenti molto reali, a loro volta, davano sostanza alla scena immaginaria che veniva infusa di un forte senso della realtà. A volte mi perdevo nelle fantasticherie e dovevo sforzarmi di ricordare che si trattava solo di una fantasia dolorosa, frutto della mia immaginazione. Ma, in fondo, ne ero consapevole. Anche se stavo giocando ai margini della realtà, non ho mai fatto il salto oltre la soglia. Potevo sempre riportarmi indietro.

Il dramma mi ha fornito semplicemente un contesto eroico per la mia vita. Dopo un'infanzia e un'adolescenza intrise di morte, sangue e sacrificio, come potevo essere attratta da un ragazzo che frequentava il college, o anche da un uomo, che viveva un'esistenza normale e mondana? La mia fantasia era la barriera di cui avevo bisogno per mantenere le distanze. Anche se alcuni ragazzi hanno tentato di sfondarla, la barriera è stata piuttosto efficace. È difficile competere contro un eroe caduto.

I fattori dominanti della mia vita erano diventati la paura e la fuga dal pericolo.

VENTIDUE
ALLA RICERCA DELLA SICUREZZA

Dopo la laurea ho trovato lavoro a New York, ma non riuscivo a vivere da sola. Senza la presenza confortante di Helen, passavo notti insonni ad ascoltare i passi di uomini che sarebbero venuti a uccidermi, o dormivo sonni agitati e interrotti dagli incubi. Ricevetti due proposte di matrimonio e, poiché non riuscivo ad andare avanti da sola, era arrivato il momento di scegliere. La prima proposta veniva da un uomo che aveva solo pochi anni più di me. Era bello, divertente, avventuroso ed entusiasmante. L'altro era il mio capo ufficio. Diciannove anni più vecchio e viveva ancora con i genitori, ma era affascinante, stabile e, cosa forse più importante, un veterano della Seconda Guerra Mondiale. Come me, aveva un passato doloroso ed era stato traumatizzato dalla guerra. Anche se ne parlava raramente, per me quello era un legame potente.

Aveva un padre che lo voleva diverso da quello che era e che lo respingeva a favore delle sorelle. Potevo identificarmi molto facilmente con quel dolore. Mi aveva raccontato di essere stato arruolato insieme ad altri ragazzi della sua classe al college e, dopo aver fatto l'addestramento di base insieme, erano stati tutti equipaggiati per andare sul teatro del Pacifico. Tuttavia, la notte della partenza, lui solo venne mandato in Europa. Non ha mai capito perché, e per lui è stato traumatico entrare in quell'ignoto potenzialmente mortale senza i suoi compagni. Tuttavia, ha combattuto coraggiosamente ed è stato ferito nella Battaglia delle Ardenne, per la quale ha ricevuto la medaglia della croce viola. In quanto parte del personale medico aveva rischiato la vita per salvare gli uomini che giacevano feriti sul campo di battaglia, o per confortarli sotto il fuoco nemico. Rientrava nella mia definizione di eroe, anche se non ne parlava liberamente e condivideva la sua storia solo quando insistevo. Era stato ferito sia fisicamente che emotivamente dalla stessa guerra che aveva paralizzato emotivamente me. Era un uomo sensibile e brillante, e poiché io, oltre all'eroismo, apprezzavo molto anche l'abilità intellettuale, ovviamente fu lui la mia scelta. Ci sposammo in fretta.

Mi sembrò la scelta perfetta: avevo bisogno di una figura "paterna", intelligente e autorevole, a cui poter dare la mia ammirazione in cambio della sua protezione. Lui, a sua volta, era alla ricerca di una figura materna che potesse sostituire quella che ancora si prendeva cura di lui quotidianamente e che gli aveva dato amore incondizionato fin dall'inizio. Io avevo il potenziale per essere quella figura. Mia madre era un modello di moglie di questo tipo, e, osservandola, avevo acquisito anch'io quel set di abilità, anche se avevo paura di seguire le sue orme troppo da vicino. Dopotutto era morta giovane per via del cancro e la sua non era stata la vita felice che volevo per me. Tuttavia, volevo avere il rapporto di amore e dedizione totale di cui erano stati esempio i miei genitori. Ero disposta a fare un tentativo.

Ormai avevo capito che alla radice dei miei incubi cronici e all'origine delle mie paure e della mia profonda infelicità c'erano l'indottrinamento forzato nell'ambito del nazionalismo e della religione e il trauma della mia famiglia e della società chiusa in cui ero cresciuta. In qualche modo, mi sono sempre sentita come se stessi recitando un ruolo in una tragedia: era un ruolo nobile, ed ero orgogliosa che fosse mio. Era il mio destino. Ma qualcosa in me sapeva anche che il mondo esterno vedeva le cose in modo diverso, quindi non ne ho mai parlato con nessuno. Mio padre era stato abbastanza chiaro. Io e le mie sorelle avevamo il dovere di crescere e diventare buone patriote polacche, devote alla nostra patria e sempre pronte a servirla. Tuttavia, interpretare quel ruolo stava diventando sempre più doloroso e stavo iniziando a chiedermi se ci fossero altre opzioni. Sapevo che la mia vita non stava funzionando e volevo provare a fare qualcosa di diverso.

Lo sapevo perché volevo essere felice e non lo ero. A un osservatore esterno dovevo sembrare molto efficiente. Mi ero laureata in una buona università con una formazione in storia, letteratura, cultura e politica dei paesi slavi e dell'Europa orientale. Parlavo fluentemente tre lingue e ne capivo, leggevo e scrivevo altre tre. Avevo trovato un buon lavoro ed ero in grado di mantenermi.

In realtà, la mia vita era dominata da una paura che mi impediva di vivere come una persona adulta e autonoma. Non riuscivo a vivere da sola. Il divario tra realtà e terrore si stava allargando. Avevo scartato le certezze che davano sostegno ai miei genitori e non ero più sicura di chi fossi o di dove stessi andando. Mi resi conto che, per scoprire chi ero e cosa era importante per me, al fine di trovare lo scopo della mia vita, dovevo districarmi fuori dal pressante groviglio di priorità, impegni e valori familiari.

Il matrimonio con un protestante americano doveva essere l'inizio di una nuova vita progettata su misura da me e totalmente diversa dal passato. La mia famiglia sarebbe stata americana e le decisioni le avremmo prese io e mio marito, non mio padre. Prima, però, dovevo in qualche modo liberarmi dal suo controllo. Per ottenere l'approvazione di papà per il mio matrimonio ho dovuto lasciargli orchestrare l'intera cosa. Fu lui a prendere tutte le decisioni, come quella sull'unica damigella che mi era permesso avere, una vecchia amica di famiglia che non mi piaceva e non avrei mai scelto. Era un piccolo prezzo da pagare per la mia liberazione e il mio futuro.

Speravo che con il matrimonio le mie paure si sarebbero attenuate, ma non è stato così. La nostra prima casa era un grazioso appartamento al piano superiore di una casa unifamiliare, completamente ristrutturata e situata in una zona sicura della città. Era chiaro e allegro, con molta luce e molte finestre. Con la sua piccola camera da letto, un salotto e una cucina, era accogliente e perfetta per una coppia di sposi novelli.

Dopo pochi mesi mi venne l'influenza e dovetti rimanere a casa dal lavoro. Mio marito era uscito per andare in ufficio e, poco dopo, sentii anche il rumore della porta dei nostri vicini al piano inferiore che veniva chiusa a chiave. Guardai fuori dalla finestra e vidi che se ne stavano andando. Ero sola in casa.

Rimasi a letto, cercando di riposarmi, ma a un certo punto sentii dei passi. Sentii salire l'adrenalina e la scarica di energia al cervello tanto familiare quanto accecante. Entrai nel solito stato di iper-vigilanza e cercai di determinare se si trattava di una situazione di attacco o fuga. Mi sentivo in trappola perché la camera da letto aveva un solo ingresso e una sola uscita. In una frazione di secondo ero rannicchiata sotto le coperte. Ero paralizzata, tremavo e pervasa dal panico.

I passi si fermarono per un po' e poi ripresero.

Rimasi immobile, cercando di capire da dove provenissero i suoni, ma non c'era alcun pattern. Sembravano essere dappertutto. Mi venne in mente che forse si trattava semplicemente del suono dell'aria calda attraverso le prese d'aria, e quel pensiero fortuito alleviò la mia paralisi, ma non il mio terrore.

Saltai giù dal letto, indossai dei vestiti e balzai fuori da quell'appartamento pericoloso. Il sollievo fu immediato: influenza o no, ero viva e al sicuro. Per il momento ero riuscita a scappare.

Vagai per le strade per un'ora, fino a quando i miei nervi non si furono calmati e il mio respiro non fu tornato alla normalità. Allora presi il treno e andai in ufficio con un'aria da fantasma. Avevo i vestiti arruffati e i capelli spettinati, ma non mi importava. I miei colleghi mi guardarono in modo strano. Poiché ero già sposata con il direttore dell'ufficio, nessuno commentò il mio ritardo o la mia condizione trasandata. Mi imbarazzava raccontare quello che era successo anche solo a mio marito, per cui gli dissi solo che mi sentivo meglio e avevo deciso di venire al lavoro. Non c'era altro da fare: tornare all'appartamento da sola non era un'opzione.

Mio marito era a conoscenza delle mie paure fin dall'inizio e, avendo una sorella schizofrenica, a differenza dei miei genitori, era consapevole di cosa fossero i problemi psicologici. Tuttavia, non aveva comprensione né per i suoi problemi né per i miei. L'avevo scoperto molto presto. Durante il nostro viaggio di nozze una notte eravamo in un piccolo motel senza telefono. Quella sera avemmo un brutto litigio. Era tardi, e mio marito sapeva benissimo quanto mi terrorizzava rimanere da sola, ma mi lasciò uscendo di notte e dicendo: "Spero che ti prendano i goblin." Quell'episodio mi fece capire che non potevo contare sulla sua presenza e protezione. Non potevo condividere con lui i miei attacchi di panico. Ancora una volta, mi stavo vergognando delle mie paure, come succedeva durante l'infanzia e l'adolescenza.

Cercare di capire i miei problemi mi ha portato a sviluppare un interesse per la psicologia. Ho iniziato a fare letture estensive ed eclettiche. La mia vita è cambiata quando mi è arrivato tra le mani il libro di Albert Ellis sulla *terapia razionale*. Ecco un metodo razionale che poteva essere impiegato da chiunque volesse porre fine al ciclo senza fine della negatività che portava alla miseria e alla disperazione. Il metodo (un precursore della terapia cognitiva e in seguito noto come terapia razionale-emotiva o RET), ha attirato la mia formazione mentale fortemente logica e razionale. Era una cosa che potevo fare e che avrei fatto.

In breve tempo ho fatto mie quelle tecniche che consistevano nel cambiare la mia risposta emotiva/comportamentale agli eventi scatenanti cambiando le mie convinzioni sugli eventi stessi.

Ellis aveva ipotizzato che i problemi emotivi di cui le persone fanno esperienza (come i miei attacchi d'ansia) non fossero interamente dovuti a eventi traumatici passati, che naturalmente non potevano essere cambiati, ma piuttosto alle false credenze che si sviluppano in seguito inconsciamente. Aveva individuato tre false credenze molto comuni e la prima sembrava adattarsi perfettamente a me. Si trattava più o meno della seguente:

Devo sempre ottenere buoni risultati e compiacere le persone importanti nella mia vita. Se non riuscirò a raggiungere questo sacro obiettivo, accadrà qualcosa di terribile; significherà che sono un fallimento, una persona cattiva e incompetente che non merita nulla di buono e merita solo di soffrire. Nessuno mi amerà e tutti mi rifiuteranno.

Non è difficile immaginare come attraversare la vita con una tale convinzione abbia generato molta miseria. Al fine di indebolire e cambiare quelle convinzioni negative, ho praticato diligentemente gli esercizi forniti nel libro. Continuavo a ripetermi che se davvero mi fossi impegnata e avessi fallito in qualcosa, sarebbe stato deludente e spiacevole, ma non la fine del mondo. Che commettere un errore non significava essere inutile e un fallimento in tutto e per tutto che meritava di essere punito. Ho iniziato a scrivere delle mie paure e ad analizzarle e, col tempo, la mia mente razionale ha iniziato a prendere il controllo delle emozioni irrazionali.

L'esercizio di queste tecniche è riuscito a ridimensionare in parte il mio terrificante caos interno. Ha respinto i miei demoni e ha tenuto a bada gli attacchi di panico. Potevo finalmente passare al passo successivo: sfuggire al controllo di mio padre, in modo da poter finalmente vivere la mia vita.

Tuttavia, le mie battaglie personali continuarono.

Avevo imparato che i modi più comuni per affrontare il

trauma sono o *piegarsi su se stessi per chiudere fuori la minaccia esterna* o *rivolgersi all'esterno per seppellire il tormento interiore.* Il mio caos interiore era diminuito e in parte sotto controllo grazie all'uso delle tecniche RET che praticavo assiduamente. A quel punto era essenziale monitorare e gestire gli stimoli che avrebbero potuto scatenare di nuovo il panico.

Uno stimolo importante che dovevo evitare era l'esposizione alla violenza. Quindi guardare i notiziari televisivi era fuori discussione, specialmente quelli locali, perché quasi sicuramente sarebbe stato riportato qualche brutto incidente automobilistico, qualche crimine violento o qualche altro incidente aggressivo. E lo stesso valeva per i film di guerra e qualsiasi altro thriller o spettacolo che includesse scene potenzialmente spaventose. Ero molto attenta anche a limitare le mie letture sulla stessa falsariga, evitando la violenza e l'alta tensione. I misteri "leggeri" diventarono la mia scelta narrativa preferita.

Per me era fondamentale anche creare uno spazio psichico libero dall'influenza coercitiva delle ideologie, nonché dalle idee e dalle opinioni degli altri. Avevo bisogno della libertà di scoprire che cosa credevo, che cosa pensavo e che cosa volevo. Avevo bisogno di uno spazio sicuro in cui trovare me stessa. Dopo aver domato, o almeno così pensavo, i demoni interiori, dovevo tenere a bada il mondo esterno. Mi stavo rivolgendo all'interno e stavo costruendo una recinzione di sicurezza per tenere fuori gli altri.

Scegliere un marito americano era stato un primo passo, in quanto aveva inevitabilmente creato una distanza con la mia famiglia. Il mio nuovo marito, provenendo da una cultura diversa ed essendo più vicino in età a mio padre che a me, si rifiutava di accettare la sua autorità patriarcale senza metterla in discussione. Ma ciò non era sufficiente. Avevamo bisogno di più distanza. Volevamo comprare una casa, ma non potevamo permetterci niente che fosse a meno di alcune miglia da New York. Se ci fossimo spostati a nord, nello stato di New York o nel Connecticut, saremmo stati vicini alla mia famiglia. Se fossimo andati verso est, verso Long Island, saremmo stati vicini alla famiglia di mio marito e a quattro ore dalla mia.

Andammo a Long Island. Quella scelta ha reso difficile mantenere contatti stretti con la mia famiglia. Le telefonate interurbane erano costose e le e-mail erano una cosa del futuro. Per diversi anni ci siamo visti solo a Natale, e forse una volta per un fine settimana in estate. Ci stavamo allontanando.

Due anni dopo abbiamo avuto un figlio e io avevo creato un bozzolo protettivo intorno alla nostra piccola famiglia. La sporadicità dei contatti con le nostre famiglie di origine era una cosa che faceva parte dei "termini di servizio". Io, prendendo a modello mia madre, ho cercato di diventare una copia della moglie perfetta. Cucinavo tutti i nostri pasti da zero, sfornavo il pane, facevo lo yogurt fresco e cucivo i nostri vestiti. Mio marito amava pescare e io lo avevo incoraggiato a comprare una barca per godersi il suo hobby. Anche se la pesca per me era sgradevole ed estremamente noiosa, non mi sono mai lamentata.

Il venerdì, dopo il lavoro, caricavamo il necessario in macchina e guidavamo per due ore verso Montauk, dove era attraccato il nostro Chris Craft di dieci metri. Io lo accompagnavo nei fine settimana estivi e autunnali. Dormivamo nella cabina stretta, io cucinavo quello che potevo nella piccola cucina di bordo, e, durante le lunghe ore in cui lui cercava spigole o pesci azzurri, io leggevo. Mio marito era un pescatore serio e abile. Non gli interessava affatto andare a visitare le isole vicine per fare un'escursione o un picnic. Pensava solo alla pesca. Si alzava alle quattro del mattino, perché era l'ora in cui i pesci abboccavano, e alle nove eravamo di nuovo al molo. Dopo aver pulito e venduto il pesce, il resto della giornata calda e soffocante la trascorreva lì, armeggiando con il motore e chiacchierando con gli altri pescatori professionisti. La seconda incursione avveniva alle quattro del pomeriggio e si rientrava alle nove di sera. Per me non era particolarmente piacevole, ma avevamo un tacito accordo: io avrei tenuto felice lui e lui avrebbe tenuto al sicuro me.

Purtroppo questa cosa è diventata ancora più difficile per me dopo che abbiamo avuto il bambino, ma ho continuato ad andarci, cercando sempre di essere la moglie perfetta.

Poco dopo abbiamo avuto un secondo figlio e la nostra famiglia era al completo. Tuttavia, nel nostro matrimonio sono apparse crepe profonde. Anche se vivevamo in un quartiere residenziale, io non avevo ancora abilità sociali e non sapevo come fare amicizia. Mi sentivo a disagio e non riuscivo ad adattarmi. Dall'esterno poteva sembrare che me ne fossi liberata, ma il mio passato continuava a perseguitarmi interiormente. Non avevo nulla in comune con i miei giovani vicini americani. I loro ricordi e le loro storie non mi dicevano niente.

Mi sentivo sempre più sola. Mi ero volutamente isolata dalla mia famiglia, dalle mie radici e dal mio passato, ma non riuscivo a costruire una nuova comunità a cui appartenere. Ero una giovane madre che stava cercando di crescere due bambini piccoli in completo isolamento, senza amici e familiari. Non avevo un sistema di supporto e l'inesorabile pressione delle responsabilità iniziò a salire.

I miei bambini sono stati la gioia più grande della mia vita. Mi hanno amata e accettata senza limiti, e così io ho amato loro con tutta me stessa. Il mio matrimonio si basava sul bisogno, e il bisogno non è amore. I miei figli sono state le prime e uniche persone nella mia vita che ho amato veramente e incondizionatamente. Questa cosa ha generato una nuova serie di problemi.

I miei tentativi di essere la moglie e la madre perfetta erano sinceri, ma non riuscivo a conciliare i bisogni e le esigenze contrastanti della mia famiglia. Dal momento che non c'erano nonni, zie o zii che potessero aiutarmi, dovevo in qualche modo gestire tutto da sola. Ma la cosa mi sembrava impossibile, specialmente con quella voce interiore che continuava a sussurrarmi il precetto di mio padre: "Le cose bisogna farle per bene, altrimenti non ha senso farle."

Ma come si può tendere perfettamente, o anche solo a

sufficienza, alle esigenze e ai desideri molto dissimili e spesso contraddittori di tre esseri umani diversi?

Non aiutava il fatto che per indole tendevo a concentrarmi su un compito alla volta e a completarlo, prima di passare al successivo. Con un solo bambino era stato fattibile. Con l'arrivo del fratello divenne impossibile. Cominciai a sentirmi strappata a metà, sempre in colpa perché non riuscivo mai a soddisfare completamente entrambi. Solo molti anni più tardi, studiando lo sviluppo infantile, ho imparato che i bambini non hanno bisogno di una madre perfetta... hanno semplicemente bisogno di una madre "brava abbastanza". Questa nozione mi avrebbe dato conforto, se l'avessi compresa allora. Invece stavo leggendo *"Magical Child"* di Joseph Chilton Pierce, che tratta di tutto ciò che i bambini dovrebbero idealmente ottenere da un genitore e di quanto possono essere danneggiati facilmente quando non lo ottengono. Ero tormentata dal senso di colpa per i miei fallimenti in quanto madre.

Allora iniziò a riemergere uno dei demoni del passato.

Durante la mia infanzia avevo subito molte perdite. Avevo sentito e letto storie di persone che avevano subito perdite peggiori. Sebbene per anni mi fossi rifiutata di guardare film di guerra ed avessi evitato notizie o spettacoli che contenevano raffigurazioni di violenza, ero molto sensibile alla sua percezione e la sentivo sempre dietro l'angolo. Molto tempo prima mi ero convinta a livello inconscio del fatto che tutto ciò a cui ero legata, tutto ciò che amavo, mi sarebbe stato portato via. Per questo motivo sviluppavo pochissimo attaccamento ai luoghi o alle cose. Avevo allontanato persino la mia stessa famiglia, compresa la mia adorata sorella, Helen. Malgrado ciò, non sapevo come mantenere una distanza emotiva dalle due piccole creature che avevo portato in grembo per nove mesi, e poi in questo mondo. Le amavo così tanto che non potevo e non volevo immaginare una vita senza di loro.

La loro sicurezza mi ossessionava, ma ero anche convinta di non poterli tenere al sicuro. Ero sicura che non mi sarebbe stato permesso di tenerli con me, che li avrei persi in modo violento, e il solo pensiero era sufficiente a distruggermi. Quei bambini mi avevano portato talmente tanta gioia – la felicità suprema – che era insopportabile vivere con quella sensazione tormentata che provavo nel profondo e mi diceva che ero destinata a perderli. Che anche loro mi sarebbero stati portati via, come tutto il resto che mi era stato portato via in passato. Fortunatamente ero troppo occupata per rimuginare troppo spesso su quei presentimenti oscuri. Il più delle volte si presentavano sotto forma di un'ansia assillante e costante, ma al di fuori dalla mia consapevolezza cosciente.

Vivevo nello sconforto, in attesa della tragedia. Era uno stato di ansia generalizzata in cui qualsiasi cosa poteva innescare le mie paure. Un documentario sul rapimento del bambino di Lindbergh finì per scatenare molti mesi di agitazione per la sicurezza dei miei figli. Non temevo necessariamente che venissero rapiti, ma vivevo in uno stato di costante apprensione per la loro sicurezza. Nel mio subconscio sentivo ancora di meritare una punizione. Prima dell'arrivo dei miei figli i miei timori più grandi erano stati la violenza, il dolore e la tortura. Ma il loro arrivo aveva cambiato tutto, e la mia paura più grande era diventata quella che venisse fatto del male a loro.

La vita che avevo costruito con cura andò avanti, anche se non felicemente come avevo programmato o sperato. Cercavo disperatamente uno scopo, amore e sicurezza. Volevo essere amata per quello che *ero* – non, come mi aveva amata mio padre, per quello che *facevo*. Allora non mi rendevo conto del fatto che anche quel desiderio mi aveva fatta cadere in una trappola. Mio marito mi amava così com'ero. Un tacito contratto stabiliva che io non sarei mai cambiata, e lui non mi avrebbe mai abbandonata. Per alcuni anni abbiamo vissuto in quella bolla di finzione, chiudendo fuori il mondo reale e lasciando entrare solo coloro che potevano inserirsi nella nostra fantasia. Si chiamava "giocare all'allegra famigliola", un po' come si sarebbe iniziato a fare di lì a poco con le bambole di Barbie e Ken.

Alla fine, tuttavia, io mi resi conto di aver scambiato una gabbia con barre di ferro per una con barre d'oro, e il matrimonio iniziò a sgretolarsi. La mia nuova gabbia era infinitamente preferibile rispetto a quella precedente, ma era pur sempre una gabbia. Avevo poco più di vent'anni e sotto molti punti di vista dovevo ancora crescere. Era inevitabile che cambiassi. Più crescevo, e più quella gabbia d'oro diventava angusta al punto da risultare intollerabile; iniziò a sembrare sempre più una prigione. Volevo fare la volontà di Dio e pregai Cristo perché mi mostrasse la via, ma Lui rimase in silenzio.

Avevo poco più di trent'anni quando ho avuto quella che considero la mia seconda esperienza spirituale. Questa esperienza potrà sembrare strana a molti lettori. Ripensandoci, sembra strana anche a me. Posso solo riferire ciò che è successo.

Era un tardo pomeriggio d'autunno e stavo tornando a casa dalla città. A un certo punto fui costretta ad accostare la macchina perché il riflesso della luce del sole del tramonto nello specchietto retrovisore mi stava accecando. Era talmente forte e brillante che mi ci vollero alcuni istanti per riorientarmi, anche dopo essermi fermata. Mentre la luce si affievoliva, all'improvviso mi resi conto che stavo guidando in direzione ovest e che la luce proveniva da dietro, da est.

Impossibile, dissi tra me e me. *Il sole non tramonta a est.* Ma la luce che si stava abbassando proveniva ancora chiaramente da *levante*. All'improvviso capii che era la Luce di Cristo che brillava nel mio specchietto. Sentii la Sua presenza pervadere tutto il mio essere di una calma pacifica e rimasi seduta lì ad assorbire quella sensazione per molto tempo.

In quanto persona logica e razionale, che non si lascia prendere da esperienze "mistiche", lottai contro ciò che era accaduto. Girai la macchina e tornai indietro per vedere se c'era qualcosa di insolito che potesse spiegare la mia esperienza. Ma non c'era niente. Era tutto assolutamente nella norma. Sentivo ancora la calma pacifica dentro di me e proseguì verso casa. Ad oggi non ho una spiegazione razionale per quello che è successo su quella strada di campagna. Potrebbe essercene una, ma non so proprio quale potrebbe essere.

All'epoca quell'esperienza non mi mostrò la strada da seguire. Non mi fornì informazioni sugli obiettivi o sullo scopo della mia vita. Il mio percorso era stato chiaramente definito da mio padre fin dall'infanzia, e forse era per quello che mi sentivo persa dopo essermi allontanata. Anche se continuavo a cercare indicazioni, mi trovavo nella natura selvaggia e non ce n'era nessuna. Quell'evento misterioso non mi offrì nessun suggerimento, ma mi lasciò un senso di connessione con qualcosa di più grande, rinnovò la mia connessione con il Divino, con Cristo. Mi lasciò un senso di meraviglia che mi ha accompagnata per molto tempo.

Anche se era terrorizzato dal cambiamento, mio marito riconobbe che non poteva impedirmi di crescere e svilupparmi. Non potevo rimanere per sempre la ragazza ventenne che aveva sposato. Stavo diventando una donna, e lui non era pronto ad accompagnarmi nel mio viaggio. Mi concesse la libertà di esplorare, purché tornassi sempre nella mia gabbia. Le mie esplorazioni erano salti nel buio, più distruttivi e dolorosi che utili. Per entrambi.

Mi immersi con tutta me stessa in cause meritevoli: giustizia sociale, equità, movimento antinucleare, servizio sociale. In relazioni senza futuro, dannose sia per me che per mio marito. Non avevo idea di come trovare quello che stavo cercando, ma continuavo a correre il più velocemente possibile per seminare i mostri del passato che continuavano a inseguirmi e perseguitarmi.

Il mio lavoro ben pagato, che sosteneva uno stile di vita confortevole e mi dava un senso di indipendenza, era un'altra trappola. Avevo superato anche quello. Tuttavia, non avevo ancora il coraggio di lasciare la sicurezza del mio matrimonio e del mio lavoro.

VENTITRÉ
DISINTEGRAZIONE

ALLA FINE È CROLLATO TUTTO. Se non si fanno delle scelte, nella vita, prima o poi la vita farà delle scelte per noi.

Mentre continuavo a vacillare, il mio matrimonio aveva continuato a dissolversi, e alla fine dovetti andare via. Poco dopo ho dovuto lasciare il lavoro per via di un orribile incidente automobilistico che mi ha lasciata con un infortunio a lunga degenza che interessava un piede e la testa. A differenza della rottura con la mia infanzia e con l'adolescenza che avevo cercato di mettere in atto con il mio primo matrimonio, questa, finalmente, era una vera e propria rottura con il passato, e la possibilità di un futuro nuovo e diverso.

Lottai per la custodia congiunta e la ottenni, ma accettai di lasciare i miei figli a casa con il padre. Per rendere la transizione meno stressante per loro ho continuato a pagare l'ipoteca su quella casa. Mio marito una volta aveva minacciato di sparire del tutto, se mai l'avessi fatto andare via, e i ragazzi non avrebbero più avuto un padre. Non so se fosse solo una minaccia o se l'avrebbe fatto sul serio, ma non ho voluto scoprirlo. Credevo che i ragazzi avessero più bisogno del padre che di me. Lui poteva dare loro stabilità e sicurezza, cosa che io non potevo fare. La mia vita era nel caos e non avevo idea di dove stessi andando. Sapevo che, qualunque cosa fosse successa, non avrei mai smesso di amare i miei figli. Sarei sempre stata lì per loro in ogni modo possibile. Ho cercato di proteggerli e fare ciò che era meglio per loro.

Senza rendermene conto stavo rispondendo alle mie paure più oscure, alla mia convinzione che ciò che amavo di più sarebbe andato perduto per sempre. In quel modo stavo esercitando un po' di controllo. Se ero io a rinunciare a loro, non potevo perderli in modo violento. Lasciarli è stata la decisione più difficile e dolorosa della mia vita, ma l'alternativa era impossibile da considerare.

Il lavoro di psicoterapia che avevo fatto su me stessa aveva diminuito i miei attacchi di panico, ma in realtà si trattava solo di una ritirata temporanea. Era un miglioramento superficiale del sintomo, non la vera guarigione di cui avevo bisogno. Le mie paure inconsce stavano ancora guidando le mie decisioni e controllando la mia vita. All'epoca non avevo una consapevolezza cosciente del terrore che mi aveva spinta a lasciare i miei figli. Pensavo e credevo davvero di aver preso una decisione razionale nel migliore interesse della loro sicurezza e del loro benessere.

Allo stesso tempo, mentre ero in lutto per la perdita dei miei figli e di me stessa, stavo cercando di costruire una nuova relazione con l'uomo che in seguito sarebbe diventato il mio secondo marito. Non mi rendevo conto che avevo bisogno di aggrapparmi a qualcuno che potesse offrirmi un po' di amore e protezione: un porto sicuro.

Provai a usare gli stessi vecchi trucchi del mio primo matrimonio: se mi fossi presa cura dei suoi bisogni e se fossi stata la moglie perfetta, mi avrebbe amata sopra ogni cosa e mi avrebbe protetta. Ma il mio secondo marito era un uomo diverso e non era disposto a portare avanti quel gioco. Dopo il matrimonio mi disse che se avesse avuto bisogno di una governante o di una manager, avrebbe potuto assumerne una. Da una moglie voleva tutt'altro. Io non avevo idea di cosa fare.

Non avevo altri modelli di matrimonio, e mi sentivo inutile dal momento che non voleva l'unico tipo di matrimonio che conoscevo.

Ero completamente allo sbaraglio. Mi ero liberata dalle gabbie in cui avevo vissuto fin dalla nascita, ma ero completamente persa. Non avevo idea di come trovare l'amore che volevo, o lo scopo che Dio aveva per me. Davanti a quel groviglio interno, stavo iniziando a cedere emotivamente. Uscire dalla gabbia non bastava. Dovevo guarire le vecchie ferite che, dall'inconscio, continuavano a controllare le mie scelte e decisioni di vita. Dovevo costruire nuove strutture interiori, perché non ne avevo. Dovevo superare la paura e il senso di impotenza e inutilità che mi tenevano in catene e mi impedivano di diventare pienamente la persona che dovevo essere. Mio marito non era disposto a partecipare al gioco della finzione, per cui era arrivato il momento di affrontare la realtà. Una realtà che non era bella né facile da affrontare. Ero sopraffatta dal compito che avevo di fronte.

In passato fuggivo sempre dai problemi ed ero diventata brava a scappare. La mia dedizione a varie cause mi teneva troppo occupata e stanca per lasciarmi il tempo di guardare e vedere il disordine interiore. Ma a quel punto non c'era più scampo. Vivevo in una zona remota. La mia salute aveva subito un duro colpo, che limitava fortemente la mia mobilità e la mia capacità di dedicarmi al servizio. Mio marito aveva il suo lavoro e io ero rimasta sola ad affrontare il dolore. Incapace di fuggire nella distrazione di in un nuovo ciclo di attività senza fine, mi sentivo inutile e senza valore. La paura aumentò e i miei attacchi di panico divennero più frequenti. Il mio caos interiore divenne sempre più difficile da controllare. Ecco cos'era diventato il trauma infantile, così tanti anni dopo, mentre il mio io danneggiato cercava di navigare il mondo degli adulti.

Poiché avevo la possibilità di farlo, ho continuato lo studio e la pratica della psicoterapia, che mi ha fornito molte nuove intuizioni su me stessa. Una delle prime svolte che mi hanno permesso di districare la mia vita interiore è stata la scoperta degli effetti di un trauma grave o prolungato. Effetti che potevo riconoscere e che *mi descrivevano*. Ho imparato che:

Il trauma è sempre doloroso e rovinoso e lascia cicatrici per tutta la vita. La maggior parte delle persone rimane bloccata nel ciclo delle conseguenze negative. Ma esiste un modo per attraversarlo e farlo diventare un percorso di trasformazione invece che di distruzione.

VENTIQUATTRO
EFFETTI DEL TRAUMA

Il TRAUMA provoca una lacerazione nel tessuto del nostro essere. Lascia un buco nero che minaccia di divorarci. L'obiettivo della vita diventa la sopravvivenza. Dobbiamo a tutti i costi evitare di cadere in quel buco. Cadere ed essere inghiottiti da quel pozzo senza fondo significherebbe l'annientamento totale del nostro essere. E provoca un dolore senza fine, quel buco, un'agonia esistenziale accompagnata da una paura e da un terrore implacabili.

Quando un tessuto viene strappato, a seconda delle dimensioni del danno, il buco può essere riparato o dissimulato in qualche modo. Ma il danno indebolisce il tessuto, rende inutili parti di esso e il tutto perde valore o diventa addirittura inutile. Quando il tessuto che costituisce chi siamo, e che è insostituibile, viene lacerato, il senso del nostro valore viene danneggiato.

Sentire una diminuzione del proprio valore o sentirsi addirittura inutili sono conseguenze comuni del trauma. Questo risultato, deriva in larga misura dall'atteggiamento che la società ha sempre avuto nei confronti delle vittime di traumi. Storicamente, invece dell'accettazione e della comprensione compassionevole, c'è stata una risposta di rifiuto crudele, attribuzione di colpa e persino punizione.

In molte culture, le donne che hanno subito violenza continuano a essere considerate ancora oggi "merce danneggiata". Vengono sollevate domande sul loro passato, sul loro abbigliamento inappropriato o sul loro comportamento seduttivo. L'implicazione è sempre quella: in qualche modo è stata colpa della vittima. In alcune parti del mondo vengono respinte dalle loro famiglie, ostracizzate dalla società, o addirittura condannate a morte.

Fino a tempi piuttosto recenti, le persone con disabilità fisiche o mentali erano trattate come meno che umane. Erano esposte nei circhi e regolarmente prese in giro e maltrattate. Erano viste come se non avessero alcun valore per la società, fardelli indegni. Lo stesso vale ancora per le persone con malattie mentali. Un libro pubblicato in tempi recenti racconta la storia di un giovane alla cui fidanzata viene diagnosticata la schizofrenia. Mentre la ragazza riceve le sue cure in una struttura residenziale, gli amici di lui cercano di presentargli altre potenziali fidanzate dicendogli che lui deve andare avanti con la sua vita e dando per scontato che una fidanzata malata di mente non conti nulla.

Per molto tempo malattie come il cancro e l'AIDS sono state considerate vergognose, e le persone cercavano di nascondere tali condizioni il più a lungo possibile. L'Alzheimer e altre forme di senilità vengono ancora ripudiate. Alcune ricerche mostrano che le persone in genere hanno due tipi di risposte davanti alle notizie di malattie gravi tra i loro amici o parenti: si uniscono oppure fuggono. Sfortunatamente, la maggior parte delle persone fugge. Una scrittrice ha riportato di aver detto a 150 amici e parenti dell'avanzare della senilità di sua madre. Solo una piccola percentuale ha risposto con offerte di aiuto, il resto non ha risposto affatto.

Aver subìto un trauma significa non essere stati in grado di impedire che l'evento traumatico accadesse, per cui le vittime sono spesso giudicate per la loro impotenza, e trovate in difetto. Le vittime sembrano condividere la responsabilità del crimine perché non sono state in grado o non hanno fatto il necessario per combattere o almeno evitare la calamità.

Perché la ragazza che ha subito violenza non ha opposto più resistenza, urlato più forte? Perché si trovava in quel luogo? Si era vestita o si stava comportando in modo provocatorio? Perché gli ebrei entravano nei forni come pecore? Alcune persone chiedono: perché non hanno combattuto? Sicuramente avrebbero potuto fare *qualcosa*. E quando gli viene chiesto: "Del tipo?", rispondono che non lo sanno, ma qualcosa deve esserci stata sicuramente. Spesso questo tipo di sentimenti rimangono inespressi, ma sono sempre lì, e la vittima è ulteriormente traumatizzata dal giudizio e dal ripudio.

Il trauma ha effetti sia fisici che emotivi che influenzano le relazioni, la carriera e la creatività. E riguardano l'intera comunità, non solo l'individuo. Sono come un sassolino gettato in uno stagno. Le increspature si allargano sempre di più fino a coprire l'intera superficie dell'acqua. Il lutto per il massacro della Sandy Hook Elementary, che ha tolto la vita a ventisei persone, tra adulti e bambini, non ha colpito solo i genitori e le famiglie dei defunti. L'intera comunità ne è uscita traumatizzata. L'11 settembre ha traumatizzato l'intero Paese, non solo gli amici e le famiglie delle vittime, e non solo i newyorkesi.

Gli psicologi sanno che il trauma può insediarsi nel sistema nervoso e far sì che la vittima riviva un'esperienza passata terribile più e più volte. A volte l'evento originale viene dimenticato, ma la sensazione rimane sempre e il terrore paralizzante può essere innescato da circostanze nuove. Solitamente si manifesta in modo completamente sproporzionato rispetto al fattore precipitante e, piuttosto che essere una risposta al trigger, è una risposta autonoma depositata nel profondo della memoria cellulare e che viene attivata in modo imprevedibile.

È quello che accade quando i veterani di guerra vengono sorpresi da un botto di tiro al bersaglio, da fuochi d'artificio, o dal rumore di una rock band, e reagiscono come se fossero tornati nel bel mezzo di uno scontro a fuoco brutale in cui forse hanno perso amici e compagni. Il suono può innescare un flashback e riportare il vecchio ricordo a galla con la sua piena intensità, facendo rivivere mentalmente il trauma. In alternativa, il ricordo potrebbe diventare scollegato dai sentimenti archiviati nel corpo. Le vittime allora possono trovarsi sopraffatte da stati di ansia, paura e tristezza inspiegabili, che non sono in grado di capire o motivare.

Ancora oggi evito di guardare film violenti o leggere thriller per paura di attivare una reazione dolorosa e incontrollabile. L'ansia, la paura e la tristezza finiscono per superare di gran lunga qualsiasi godimento potrei trarre dal libro o dal film in questione. Evitare i trigger è un meccanismo di difesa comune, e il rifiuto di leggere determinati libri o guardare determinati film non è poi così pesante. In altri casi può diventare molto più complicato.

VENTICINQUE
MECCANISMI DI DIFESA E LA SCINTILLA DELL'INTUIZIONE

UNA DELLE MIE STRATEGIE DI difesa, dunque, era evitare. Tuttavia non evitavo solo libri e film violenti, ma anche molte altre cose, arrivando a limitare la mia esistenza e la mia capacità di vivere una vita piena. La paura della violenza mi ha impedito di vivere, stare, andare da qualche parte e fare le cose da sola. La paura della perdita non mi permetteva di viaggiare perché ciò avrebbe comportato allontanarsi da casa e io non ero mai completamente sicura che al mio ritorno l'avrei trovata lì. Mi ha indotta a lasciare i miei figli perché credevo che altrimenti li avrei persi in qualche altro modo ed era meglio tenerli a distanza, ma nella mia vita, piuttosto che perderli per sempre. Per molti anni mi ha impedito di impegnarmi pienamente perché temevo di essere abbandonata. Ho evitato di correre rischi perché era troppo pericoloso.

Un altro sintomo comune del disturbo post-traumatico da stress (PTSD) che ho manifestato è stata la rigidità delle risposte. Poiché l'ipervigilanza e la sensazione di catastrofe incombente facevano sembrare tutto una questione di vita o di morte, era necessaria una risposta determinata e inflessibile. Dovevo scegliere quella giusta, o si sarebbe verificata una catastrofe. Mi sono sempre prefigurata gli scenari peggiori in modo da essere pronta ad agire in modo appropriato in qualsiasi situazione estrema. Avevo bisogno di ordine e certezze, altrimenti il disordine esterno avrebbe innescato il mio caos interiore. Una persona sopravvissuta ai campi di concentramento ha descritto la mia realtà con molta precisione:

"E mentre parlavo pensavo al campo di concentramento, quel luogo dove aveva regnato il caos e Dio era apparso assente, e io non sapevo mai se sarei sopravvissuta fino al giorno successivo. Poi la mia memoria è tornata ancora più indietro, a prima della guerra – di entrambe le guerre – e alla mia infanzia, anch'essa segnata da un'incertezza per la quale non potevo mai sapere, da un giorno all'altro, se mio padre, con la sua severità, avrebbe deciso che per educarmi correttamente doveva picchiarmi. Bisognava avere certezze, altrimenti la vita diventava orrenda, dolorosa, terrificante. L'ordine doveva essere promosso e difeso con tenacia. Era una questione di sopravvivenza."

(SUSAN HOWATCH: *VERITÀ ASSOLUTE*,
P.151).

Durante l'adolescenza ho avuto difficoltà a entrare in sintonia con i miei sentimenti e a esprimerli. Quando avevo circa dodici anni, mia madre ricevette una lettera dalla mia amata tata, Danda, che avevo perso nel tumulto della guerra. Aveva scritto con il desiderio di riconnettere e spiegarmi cosa le era successo.

Dopo essere stata liberata dagli Alleati, era rimasta a lungo in un campo profughi, finché finalmente non era riuscita a emigrare in Inghilterra. Lì, insieme a migliaia di altri rifugiati di guerra che non erano riusciti a tornare nelle terre occupate dai sovietici, lottò per la sopravvivenza economica. Non aveva mai rinunciato a trovarci e alla fine, anni dopo, ci era riuscita. Mia madre mi esortò a rispondere alla sua lettera, ma io non lo feci. Conoscere l'intera storia e il motivo per cui non era potuta tornare da me a Varsavia non era abbastanza, una parte di me si sentiva abbandonata e non era in grado di perdonare. Il ricordo dell'amore ricevuto e della sua perdita era troppo doloroso e doveva essere evitato. Mi rifiutai di scriverle. Qualche anno dopo, quando venni a sapere della sua morte, mi pentii del mio rifiuto.

Da adulta ho avuto difficoltà a identificare le mie emozioni. Una volta mio marito mi chiese perché ero sempre così arrabbiata. La domanda mi sconvolse.

"Non sono mai arrabbiata, solo turbata", fu la mia risposta.

Il mio secondo marito, che è uno psichiatra, mi disse: "Chiamala come vuoi, ma si tratta sempre di rabbia."

L'affermazione mi confuse, ma iniziai a prenderla in considerazione. Mi ci sono voluti anni per iniziare a identificare correttamente quella particolare emozione e ho ancora difficoltà a esprimerla in modo appropriato. Poiché per la maggior parte della mia vita non mi ero mai permessa di provare consapevolmente le emozioni più negative, non avevo avuto l'opportunità di esercitare la modulazione della loro espressione.

Questa mancanza di abilità nell'esprimere le emozioni mi ha causato molti problemi interpersonali. Ha anche distorto lo sviluppo della mia personalità, perché non provavo alcuni sentimenti che è naturale provare. Non mi è mai veramente stato antipatico nessuno. Gli amici mi consideravano ingenua e vulnerabile. Le persone potevano farmi del male o recarmi dispiacere, ma una volta chiesto "scusa", venivano completamente perdonate, e tutto veniva dimenticato. Naturalmente bastava che voltassi le spalle e succedeva tutto di nuovo, e ancora mi sorprendevo. Sembrava che non fossi in grado di imparare che alcune persone possono fare cose "cattive". Il ricordo delle "persone cattive" mi spaventava così tanto che era stato completamente represso.

La formazione della mia personalità è stata ulteriormente distorta dall'imposizione di una falsa identità e di un completo rifiuto del mio vero io. I miei genitori e la società di emigrati in cui sono cresciuta non potevano offrire supporto o accettazione per la persona che ero veramente, quindi, per ottenere l'approvazione, ho imparato ad essere la persona che ci si aspettava che fossi. Ho sviluppato quella che in psicologia viene chiamata una falsa identità o un falso sé. Ogni volta che si liberava e ribellava (come quando ho espresso la mia avversione per il campeggio e mi sono rifiutata di partecipare al Jamboree Scout), il mio vero io veniva giudicato, criticato e condannato in quanto egoista. Qualsiasi tentativo di esplorazione dei miei pensieri, delle mie idee, miei sogni o desideri veniva represso in quanto privo di significato e non importante. Nessuno era interessato a ciò che pensavo o sentivo, o a chi ero, solo a ciò che facevo, a come mi comportavo.

La fiducia in se stessi si sviluppa facendo qualcosa bene. Pertanto si basa su ciò che si fa e su quanto lo si fa bene. Secondo il mio sistema di credenze, inoltre, non potevo dipendere dagli altri e avevo la responsabilità non solo di fare tutto bene, ma anche di farlo tutto da sola, per cui le cose che ho dovuto fare e le responsabilità che mi sono dovuta assumere sono state molte, sin dalla più tenera età. Essendo una persona abile e intelligente, ho fatto la maggior parte di queste cose con successo. Nel corso della mia vita ho dimostrato competenze in molti settori diversi. Confrontandomi con gli altri e ricevendo riconoscimento ho acquisito fiducia nella mia capacità di fare le cose per bene, forse anche meglio della maggior parte delle altre persone. Così ho sviluppato molto presto la fiducia in me stessa.

Ma l'autostima non ha nulla a che fare con il raggiungimento del successo, grande o piccolo che sia. Non ha nulla a che fare con il fare. Dipende solo dall'essere se stessi e dal sentirti sostenuti nella propria identità. È la consapevolezza profonda che, qualunque cosa tu faccia o non faccia, verrai accettata e apprezzata per il solo motivo di essere te stessa.

Viene nutrita quando i bambini vengono sostenuti e accettati per quello che sono, indipendentemente da quello che sono in grado di compiere. Io non ero mai stata sostenuta e accettata per quello che ero, per cui non ho sviluppato un senso di autostima.

Durante la crescita ho avuto a che fare con critiche aspre e aspettative spesso sproporzionate rispetto all'età e impossibili da soddisfare, per cui sono stata perseguitata dalla sensazione di essere inutile e ho passato molti anni a cercare di giustificare il mio diritto di esistere.

Il modello per la mia identità era stato definito chiaramente durante l'infanzia e, da adulta, quando mi sono resa conto che non mi andava per niente bene, mi sono trovata a dover fare una scelta difficile. Il tentativo di onorare i valori genitoriali mi stava tenendo intrappolata in un mondo di tragica irrealtà, ma ribellarsi e tentare di fuggire significava scappare verso una vita "superficiale e semplice" e tradire tutto ciò che era buono e nobile, "la causa" e coloro che avevano sofferto ed erano morti. Ci sono voluti molti anni e il trauma di un incidente quasi fatale perché potessi finalmente mettere in discussione quella convinzione tossica.

PARTE TRE
SVEGLIARSI DALL'INCUBO

VENTISEI
LA RICERCA DI SIGNIFICATO

QUANDO FINALMENTE SONO STATA pronta a riconoscere che la persona che avevano cresciuto i miei genitori non ero io, o chi volevo essere veramente, ho dovuto prendere i molti fili intrecciati della mia identità e sbrogliarli per scoprire quali rappresentavano il mio vero io e quali mi erano stati sovrimposti dagli altri. Non è stato un compito facile, ma avevo bisogno di scoprire chi ero veramente per poter finalmente rispondere alla domanda che mi turbava da molto tempo: qual era lo scopo e il significato della mia vita?

L'incidente è stato uno spartiacque. Mi ha lasciata con un piede schiacciato, incapace di camminare, e in preda a un dolore costante. Ho anche avuto un trauma cranico che ha gravemente compromesso la mia memoria e la mia capacità di concentrarmi. Non riuscivo a ricordare né cosa fosse successo dopo l'incidente, né, peggio ancora, i nomi delle mie sorelle, il mio indirizzo o il mio numero di telefono. Avevo i pensieri confusi ed episodi di convulsioni da *piccolo male*.

Mi sforzai per rimettermi in piedi e tre mesi dopo, temendo di perdere il lavoro se mi fossi assentata ancora a lungo, tornai a lavorare zoppicando sulle mie stampelle. Lavoravo nell'ambito della tutela dell'infanzia, in una squadra di pronto intervento, ma la disabilità fisica mi impediva di intervenire sul campo. Mi vennero affidati compiti d'ufficio e iniziai a occuparmi della revisione qualitativa dei casi. I miei colleghi provavano risentimento nei miei confronti perché avevano dovuto assumersi la mia parte di lavoro sul campo. L'atmosfera era molto stressante.

Molto presto divenne evidente che il danno cerebrale mi stava impedendo di eseguire anche gli incarichi da scrivania. Persi il lavoro. Ero disabile.

Ancora una volta, avevo perduto tutto: i miei figli, la mia casa, la mia sicurezza e il mio senso di identità. I miei figli non vivevano più con me e, anche se continuavo ad avere la custodia congiunta e a vederli durante le vacanze scolastiche, la perdita era molto dolorosa. Inoltre, quella di chiudere il matrimonio era stata una mia decisione, ma significava anche che non avevo più una casa mia. Poiché avevo perso il lavoro, la mia sicurezza finanziaria era in grave pericolo.

Fu devastante. Mi ero laureata all'età di diciannove anni e da allora, a parte per i pochi anni dopo la nascita dei bambini, mi ero sempre mantenuta da sola. Avevo sempre lavorato. Una profonda convinzione subconscia mi diceva che dovevo prendermi cura di me stessa e che, se non l'avessi fatto, nessun altro l'avrebbe fatto per me. Caddi in una depressione profonda e trascorsi i mesi successivi in una dimensione oscura, senza sapere quali sarebbero stati i miei prossimi passi. Ero bloccata perché non riuscivo a immaginare un futuro per me stessa.

All'inizio gran parte del dolore fu attenuato dal trauma cranico. Per un certo periodo sapevo a malapena chi ero o cosa stava succedendo. È difficile descrivere la nebbia che aveva avvolto la mia vita e l'aveva permeata di confusione. Vivevo in uno stato onirico in cui realtà e irrealtà si fondevano creando uno strano miscuglio. Nei momenti di chiarezza, di fronte all'enormità della mia perdita e alle rovine della mia vita, mi sentivo devastata dal dolore e sprofondavo sempre di più nella depressione. Questo stato è durato per quasi un anno, il periodo durante il quale ho cominciato a riprendermi dal punto di vista fisico. A quel punto, nonostante il dolore quasi costante e contrariamente alle previsioni dell'ortopedico, fui finalmente in grado di camminare senza stampelle, e talvolta anche senza bastone.

L'incidente e le sue conseguenze mi avevano distrutta fisicamente, mentalmente ed emotivamente. Mi aveva cambiato la vita in modo così profondo che ad emergere dall'altra parte è stata una persona diversa. I pezzi frantumati dovevano essere riassemblati, e il risultato finale non sarebbe mai stato lo stesso. Potevo uscirne ancora più bloccata, spaventata e dipendente dagli altri... o, al contrario, più sana e finalmente libera e autonoma. Il processo di guarigione è stato doloroso, lungo e lento. Non c'è stata nessuna bacchetta magica.

Ho avuto una fortuna che molti altri non hanno: ho sentito una forte spinta interiore a guarire. Molti mesi più tardi, una mattina, mi svegliai e scoprii che il sole stava splendendo e la vita mi stava chiamando. La mia depressione era... sparita. All'improvviso, vidi con chiarezza che la mia vecchia vita era finita e che ero rinata in una vita nuova, piena di speranza per il futuro. Mi alzai dal letto nonostante la fatica. La disabilità fisica e il dolore erano ancora lì, ma non mi avrebbero più tenuta immobile. Avevo una nuova vita davanti a me, ed era ora di iniziare a viverla.

Avevo lasciato il mio primo matrimonio circa un anno prima dell'incidente e il mese precedente ero andata a vivere con il mio nuovo partner. Eravamo entrambi in procinto di divorziare e non eravamo pronti a impegnarci in un altro matrimonio. Ci vollero ancora un paio d'anni prima di fare il grande passo. Eravamo in un posto bellissimo ma molto isolato, tra le montagne del nord, lontani dalle nostre famiglie, dagli amici e dal nostro passato. I miei figli mi mancavano terribilmente, ma averli per lunghi periodi di tempo durante le vacanze scolastiche significava condividere momenti di qualità, senza interruzioni. Il mio nuovo marito era una persona molto solitaria. Voleva lavorare part-time e scrivere libri, cosa che il nostro nuovo ambiente gli consentiva di fare.

Credeva fortemente nella mia intelligenza e nelle mie capacità e mi ha incoraggiata a continuare la mia formazione e a ottenere una laurea in psicoterapia e consulenza psicologica. Grazie al suo sostegno e al suo incoraggiamento ho completato i miei studi universitari, mi sono laureata e ho avviato uno studio privato di successo. Mi piaceva molto il mio lavoro, e aiutare le persone mi ha dato molte soddisfazioni. Allo stesso tempo, stavo imparando sempre di più sui modi in cui le persone possono essere "spezzate" e su come possono essere aiutate a guarire. Il lavoro con i miei pazienti mi dava nutrimento.

Ero di nuovo pronta ad accettare nuove sfide e avevo iniziato a specializzarmi nel trattamento di quei pazienti difficili che gli altri terapeuti preferivano evitare ed erano felici di mandare altrove. Il mio focus era diventato il Disturbo Borderline della Personalità (BPD), che è stato anche l'argomento della mia tesi. La seguente citazione di Madre Teresa descrive con precisione i sentimenti di una persona che soffre di questa condizione. E rispecchia anche quelli che erano i miei sentimenti più profondi. Nelle sue parole:

> "La malattia più grave, oggigiorno, non è la lebbra o la tubercolosi, ma la *solitudine, il sentirsi ignorati, non amati, non voluti.*"

Queste parole descrivevano sia me che i miei pazienti. Continuavo a cercare disperatamente amore incondizionato, accettazione e sicurezza, e anche a lottare contro i demoni della paura, della depressione e della disperazione. I miei pazienti in difficoltà, che lottavano con gli stessi demoni e imparavano da me come superarli, divennero a loro volta i miei insegnanti. Vedere, diagnosticare, trattare e curare gli altri è molto più facile che farlo per se stessi. Sono arrivata a credere che sia questo il motivo per cui trattare gli altri in modo amorevole è così curativo. Per cui ho iniziato a trattare i miei clienti in modo amorevole.[1]

Fare terapia e aiutare gli altri è stato un grande dono per me, e mi ha aiutata sulla strada verso la mia stessa guarigione. Nel comprendere i miei pazienti, ho iniziato a capire me stessa. Nell'aiutarli a passare dalla sofferenza e dal dolore alla pace e alla contentezza, ho iniziato ad formarmi un'idea del processo e di come poteva essere applicato alla mia stessa vita.

Poco dopo il mio secondo matrimonio, mi ammalai di un misterioso disturbo cronico. I miei sintomi erano vaghi: stanchezza, debolezza, mancanza di energia, totale assenza di motivazione. I risultati negativi dei vari controlli hanno portato i miei medici a sospettare depressione o ipocondria. Con il passare dei mesi, tuttavia, ho perso un'enorme quantità di peso ed ho raggiunto uno stato estremamente debilitato. Alle quattro del pomeriggio iniziavo a contare i minuti che mancavano per andare a letto a un orario ragionevole (di solito alle 20:00 circa). La nostra vita sociale era inesistente poiché io ero fuori gioco ben

---

1. Alcuni potrebbero mettere in discussione la parola "amorevole" usata in questo contesto, ma è la parola giusta. Chiunque abbia mai lavorato in una relazione terapeutica con un altro essere umano riconoscerà che senza aprire il cuore per coinvolgere l'altro in uno scambio pieno d'amore, la guarigione non può avvenire.È una transazione bidirezionale. Il paziente deve avere abbastanza fiducia nel terapeuta da aprirsi completamente e in un modo che lo lasci completamente vulnerabile. Un atto di fiducia di questo calibro è un grande dono e una grande responsabilità. Solo il tocco più gentile e amorevole può essere tollerato senza che si verifichino disastri. Ma quel tocco amorevole è l'inizio del processo di guarigione. È la prima iniezione di penicillina nella ferita infetta, che ferma la spirale della malattia e avvia il recupero. Può accadere solo quando sia il paziente che il terapeuta consentono ai loro cuori aperti di connettere per un istante. In quel momento infinitesimale, arriva la realizzazione dell'unità. Non ci sono più due persone separate, ce n'è solo una. Non c'è modo di sentirsi indesiderati, abbandonati o traditi. Per quel breve momento siamo al sicuro. Quel momento di unità, partecipato equamente da entrambe le parti, è un atto d'amore.In *The Wounded Healer*, Henri Nouwen afferma che perché la guarigione possa avvenire, chi guarisce deve essere disposto ad aprirsi all'altro come a un altro essere umano con le stesse ferite e le stesse sofferenze. La guarigione viene dalle nostre stesse ferite. Solo chi è stato ferito può capire e guarire veramente un altro essere ferito. Non intellettualmente, con il cervello, ma emotivamente, con il cuore e le viscere.

prima di sera. Mio marito ha ipotizzato che potesse trattarsi di qualche parassita, ma ancora una volta i test si rivelarono negativi. I medici allora credevano che non ci fossero parassiti nel North Country, dove risiedevamo. Alla fine, per via del peggioramento delle mie condizioni, venni ricoverata in ospedale per diversi giorni di test approfonditi. Si scoprì che il mio intestino tenue era talmente infiammato da non essere in grado di assorbire alcun nutriente. Due specialisti erano in disaccordo sulla diagnosi: uno sosteneva che si trattava del morbo di Crohn, l'altro era convinto che si trattasse di colite ulcerosa. Entrambi hanno convenuto che la mia condizione era critica e che la prescrizione doveva essere una vita accompagnata dagli steroidi. Mio marito non era convinto e mi portò da un parassitologo a New York.

Ormai non avevo grandi aspettative. Sapevo che c'era qualcosa che non andava nel mio organismo, ma i medici non erano d'accordo su cosa fosse e respingevano le mie vaghe lamentele. Quel dottore fu diverso. Non avevo ancora completato l'elenco dei miei sintomi quando mi fermò e mi disse:

"Non occorre che mi dica più niente, le dirò io che sintomi ha."

E, con mio grande stupore, li elencò tutti, compresi quelli che gli altri medici in precedenza avevano liquidato come irrilevanti.

"Chi gliel'ha detto?" domandai balbettando.

"Ho avuto a che fare con i parassiti per trent'anni, personalmente e con i pazienti che ho curato per quasi altrettanto tempo. Mi basta guardarla per capirlo. Venga. Le faccio vedere."

Mi condusse in una stanza dell'ambulatorio e, dopo aver prelevato un campione dalla parete del mio intestino, portò il vetrino nella stanza accanto, dove c'era un tecnico seduto davanti a un grande microscopio.

"Ha due tipi diversi di parassiti", mi disse. "Non mi stupisce che sia stata così male."

Guardai la roba strana che nuotava sotto il microscopio. Finalmente qualcuno aveva capito cosa c'era che non andava e poteva fare qualcosa per risolvere la situazione. Mi stava dando informazioni in abbondanza, una prescrizione e, soprattutto: speranza.

In un certo senso, era quasi divertente come questa guarigione strettamente medica avesse eluso i professionisti per mesi e mesi per poi essere individuata così facilmente da qualcuno che conosceva la malattia in prima persona. Riconoscendo la malattia all'istante, quel dottore si è dimostrato affidabile e mi ha fatta sentire validata. Mi ha fatta sentire guarita anche prima di iniziare il trattamento.

Dopo due giorni di terapia iniziai a sentirmi meglio e alla fine sono potuta tornare alla mia vita. E tornò anche la mia speranza per un futuro migliore.

Nonostante ciò, la mia vita privata non era felice. Io e mio marito condividevamo molti interessi e valori, ma il nostro background culturale era molto diverso, è ciò causava continuamente irritazioni e conflitti. A peggiorare le cose c'era il fatto che avevamo personalità ed esigenze completamente diverse. Lui aveva bisogno di passare molto tempo da solo con i suoi pensieri e la sua creatività. Io avevo bisogno di passare molto tempo insieme. Lui elaborava tutto interiormente e non sentiva la necessità o il desiderio di discutere fino a quando non faceva chiarezza dentro di sé. Io elaboro esternamente, il che significa che ho bisogno di avere uno scambio di pensieri verbale fino al raggiungimento di una risoluzione. La dinamica era estremamente fastidiosa per lui e frustrante per me.

La mia reazione a questo problema è stata quella di continuare a reinventarmi nel tentativo di ottenere la sua approvazione. Quando il modello della "buona moglie" non ha funzionato, sono tornata a scuola e sono diventata una professionista nella speranza di fare squadra in ambito lavorativo. Ma mio marito era un ranger solitario e collaborare non era nel suo stile. Da bambino aveva subìto abusi gravi e aveva problemi con la fiducia e con le donne, nonché difficoltà a impegnarsi. Ogni volta che litigavamo diceva di volere il divorzio e metteva in dubbio il nostro stare assieme. Cosa che scatenava la mia paura dell'abbandono. Diceva che mi amava, ma che non gli piacevo. Era lo stesso rifiuto che avevo sperimentato nella mia infanzia. Non venivo accettata per quello che ero e non mi sentivo né amata, né al sicuro.

Io volevo essere consolata, compresa e amata. E lui, invece, mi diceva che ero troppo bisognosa di attenzioni. Il che era vero, in effetti. È naturale aspettarsi sostegno, amore e comprensione in una relazione, ma ogni volta che abbiamo bisogno di fare affidamento su qualcun altro per riempire il buco nero in noi stessi, ci stiamo aspettando troppo da un altro essere umano. Nessuno può riempire quel buco nero per noi. Noi soli possiamo farlo. Tuttavia, non era una verità che ero pronta a sentire e accettare. Perdermi nel mio lavoro mi sembrò l'unico modo per affrontare il dolore di quello che percepivo come un altro rifiuto. Ho studiato di più, ho lavorato più sodo e sono diventata una terapista migliore. Ho studiato terapia matrimoniale nel tentativo di comprendere meglio i nostri problemi e aggiustare il nostro matrimonio, e sono diventata molto brava. Ho aiutato molte coppie a superare le loro difficoltà, ma non sono stata in grado di migliorare il mio stesso matrimonio in nessun modo che contasse. Vivevamo lontano da qualsiasi comunità in cui potessi fare amicizia e mi sentivo molto sola. Le poesie che scrissi in quegli anni descrivono il dolore, la solitudine e la disperazione che provavo.

SOLITUDINE

In una fessura tra due rocce
Ho intravisto l'orizzonte lontano
Un oceano di spazio
Infinito senza fine
Un vuoto che anche il mio amore
non può riempire.

MORTE

Se dovessi morire stanotte,
Lasciami andare dolcemente, volentieri verso la luce.
Non permettere che le lacrime per le cose che si
dissolvono
O per le persone lasciate indietro
Disturbino il riposo e la pace della mente e del cuore
stanco.

HO PARLATO CON I MIEI COMPAGNI

Ho parlato con i miei compagni
Rabbia e disperazione.
Nulla da segnalare.
Quindi prendo un'aspirina
E mi avvolgo con il mio dolore
Nell'attesa che sfumi.
Poi mi distrarrò con il lavoro.
È la vita.

Mi attendeva un'altra brutta sorpresa. Dopo la morte di mia madre, mio padre aveva sposato una donna polacca ed era tornato nella sua patria per trascorrere lì la vecchiaia. Dopo qualche anno andai a trovarlo nella mia città natale. Dopo anni di esilio stavo tornando a casa nella città delle leggende e dell'eroismo, nel mio Paese. Ero piena di gioia ed entusiasmo.

Sfortunatamente, il Paese in cui sono arrivata non somigliava per niente a quello che avevo conosciuto e amato fin dalla mia infanzia. Ero cresciuta all'ombra di una Polonia prebellica che ormai era morta e sepolta. Era cambiato tutto, soprattutto le persone. La maggior parte dei residenti originari di Varsavia era stata uccisa o deportata durante o subito dopo la rivolta della città e la successiva occupazione sovietica, e quindi sostituita da un afflusso di persone provenienti da villaggi, frazioni e comunità rurali con un proprio background culturale molto diverso da quello dei residenti originari della città. Per di più, tutti erano stati colpiti e trasformati da quarant'anni di comunismo. La lingua era l'unica cosa familiare nella nuova Polonia. Con mio stupore e sgomento, mentre ero lì, mi sentivo più americana che polacca.

Ancora una volta, come sempre, ero diversa. Non appartenevo a quel posto. Quella non era la patria che avevo sognato per tutta la vita. Non era casa. La cultura polacca prebellica in cui ero cresciuta non esisteva più. Avevo trascorso gli anni della mia infanzia e giovinezza nella nostalgia e nel desiderio di una patria che non esisteva più e non sarebbe mai più esistita. Milioni di esiliati avevano subito la stessa perdita. Eppure, come scriveva uno scrittore polacco, esprimendo in modo davvero intenso i sentimenti del mio cuore spezzato:

"Per tre anni consecutivi ho arato e seminato la terra. Ma non ho avuto alcun raccolto. Strano come la storia non riesca a inventare battute nuove.

Due verità hanno avuto la loro resa dei conti. Non è la prima volta, per la frontiera. Le foreste continuano a guaire al vento come hanno fatto per anni, la linfa degli alberi scorre nelle brughiere, la terra emana il suo profumo, il fiume brilla alla luce, le formiche della foresta hanno ricostruito le loro colline nelle radure aperte dalla guerra e ora si muovono a zig zag lungo i loro sentieri di aghi di pino.

Non è la prima volta per questa terra, non è la prima volta nella memoria della frontiera, né è la prima volta per il Signore lassù in cielo, né per il saggio ordine del mondo, né per la Saggezza Eterna e la Bontà Eterna che, come il raggio di sole, permeano il mondo facendo sì che ogni particella cresca meglio, che il mondo cresca sempre meglio. Ma che dire di tutto ciò - quando per il cuore umano spezzato è sempre la prima volta. "

MELCHIOR WANKOWICZ, *NA TROPACH SMETKA*

Quando tornai negli Stati Uniti scoprii che non essere polacca non mi rendeva magicamente americana. Anche qui ero un'estranea. Quella consapevolezza mi fece percepire la perdita più che mai. Ero diventata una "persona senza patria". Era il doloroso dissolvimento dell'ultimo legame con l'irrealtà del mio passato. Ora ero libera di guardare avanti e di muovermi verso un nuovo futuro. Nel tempo mi ha permesso di non sentirmi più in debito. Non mi sentivo più in colpa per non essere stata in grado di dare un contributo significativo al servizio per la patria. Sono stata finalmente in grado di accettare il fatto che la Polonia era stata solo il mio Paese natale. Questa realizzazione mi ha permesso di chiudere un capitolo e guarire il mio cuore spezzato. Mi ha permesso di andare avanti.

Le dolorose lezioni che ho imparato si applicano a chiunque, ad un certo punto della propria vita, scopra che il percorso che stava percorrendo forse fin dall'infanzia, non è il percorso più autentico per sé, e decide di abbandonarlo. Coloro che, ad esempio, crescono nel fondamentalismo religioso, se scelgono un modo di vivere più moderato o, peggio, una religione completamente diversa o nessuna religione, sono spesso rinnegati e ostracizzati e diventano vittime di bullismo da parte di familiari e amici. Viene letteralmente detto loro che andranno all'inferno, alla dannazione eterna. Le persone che vivono in società o famiglie dogmatiche, che sul dogma basano l'identità familiare o di gruppo e per questo motivo rimangono chiuse a qualsiasi interrogazione, affrontano rifiuti, condanne e punizioni simili. Può trattarsi di affiliazioni religiose o politiche, oppure della struttura sociale prevalente. Mettere in discussione atteggiamenti, valori o stili di vita comuni è sempre pericoloso dal punto di vista emotivo, e a volte anche dal punto di vista fisico.

I miei problemi di salute non si erano risolti del tutto. Per molti anni ho lottato con crisi epilettiche lievi a causa del trauma cranico che avevo subito durante l'incidente d'auto. Di solito si trattava solo di una momentanea perdita dei sensi seguita da uno stato di confusione. Ma gli episodi diventavano molto più sgradevoli nei momenti di stress.

In un diario descrivevo la mia esperienza come segue:

Per diverse ore, prima dell'episodio, avevo la sensazione che su di me stesse discendendo una nuvola oscura, pesante e minacciosa. Il mio corpo si irrigidiva più che mai e io diventavo iper-vigile e irritabile. Notavo tutto, e mi infastidiva qualsiasi cosa anche leggermente fuori posto. Ero ipersensibile e iper-reattiva. Molto vulnerabile e circospetta. Molto fragile. Avevo bisogno di spazio e rassicurazione verbale.

La nuvola mi avvolgeva ed era devastante: mi lasciava esposta emotivamente e depressa, incapace di funzionare fisicamente. Le distorsioni mi offuscavano la vista. Il mio equilibrio e il mio senso dello spazio si spegnevano, il cervello era annebbiato, ero completamente confusa. Incapace di pensare o prendere decisioni. Sempre sull'orlo di un precipizio dove è sufficiente il più piccolo aumento di stress per sentirsi spinti oltre. Mi sentivo impotente, come un bambino piccolo bisognoso di cure. Estremamente sensibile e vulnerabile davanti a parole dure o a qualsiasi tipo di pressione. Fuori controllo fisico ed emotivo. Molto confusa e spaventata. Volevo piangere, o semplicemente sparire. Perdere il controllo mi faceva provare vergogna.

In seguito ero estremamente stanca e avevo bisogno di riposare e dormire. Avevo bisogno di tranquillità, calma e rassicurazioni amorevoli. Desideravo calore, amore, affetto, pazienza. Avevo bisogno di dormire molto per diversi giorni, dalle dieci alle dodici ore a notte. Se non avevo abbastanza riposo, calore e accettazione, cedevo alle tensione e alla malattia fisica. Provavo ancora più vergogna per aver fallito nell'autocontrollo.

Nonostante quelle battute d'arresto, continuai a lottare. Per qualche ragione, arrendersi non è mai stata un'opzione, e, dal momento che mi ero assegnata la responsabilità della mia vita, spettava a me fare le cose per bene. Ero una combattente e la resa non faceva parte del mio orizzonte mentale. Continuavo a cercare di decifrare lo scopo della mia sofferenza e il significato e lo scopo della mia vita. Ce l'ho messa tutta.

VENTISETTE
IL VIAGGIO DELL'EROE

LA VITA È UN VIAGGIO. Lasciamo casa e ci imbarchiamo in un periodo di transizione che, alla fine, se abbiamo seguito la strada giusta, ci porterà alla meta del nostro viaggio: la destinazione. Generalmente, nel corso dello sviluppo del bambino, una persona adolescente diventa una giovane adulta e prova il desiderio di lasciare casa e intraprendere il proprio viaggio verso la sua destinazione personale. Il viaggio è sempre pericoloso e pieno di insidie che possono intrappolare chi non è preparato. È un rito di passaggio. È il modo in cui un bambino cresce e matura fino a diventare un adulto autosufficiente. Nella mitologia è il viaggio dell'eroe.

Il punto di partenza è sempre la casa. Quando intraprendiamo il viaggio ci lasciamo alle spalle il comfort e la sicurezza della famiglia, delle nostre relazioni e di ciò che è familiare. La casa rappresenta la sicurezza del grembo materno, i ricordi d'infanzia e il senso di appartenenza, o il luogo che abbiamo scelto consapevolmente per mettere radici. Come disse qualcuno: "La casa è il luogo in cui, quando torni, devono sempre accoglierti". Quando ce ne andiamo, siamo soli in un mondo pericoloso.

Un uccellino appena nato si esercita con le ali fino a quando non è abbastanza forte da lasciare la sicurezza del nido. A volte si verifica un incidente e l'uccellino cade dal nido prima di essere in grado di volare. È quindi completamente vulnerabile davanti ai predatori e la sua sopravvivenza è molto a rischio. Lasciare il nido fa sempre paura, essere espulsi prematuramente è traumatico. Io sono stata cacciata dal nido ben due volte nella mia prima infanzia, e poi, durante il mio primo matrimonio, non sono stata in grado di costruirne uno sicuro che potesse trattenermi, nutrirmi e proteggermi, per cui sono fuggita temendo il suo imminente collasso.

Ma, nonostante il dolore e le molte difficoltà, non stavo scappando via dal mio secondo matrimonio. Ero arrivata a capire che anche quella sarebbe stata una fuga, e che qualunque problema stessi portando in quella mia relazione, l'avrei portato con me anche in quelle future. Sapevo che, se volevo avere la possibilità di trovare stabilità, pace e una certa misura di felicità, dovevo lottare, perseverare e non arrendermi. Quindi ho continuato a lottare – con me stessa, con mio marito, con il nostro matrimonio.

Ero nella mia mezza età ed ero lontana da casa da molto tempo, il che significa che ero nella fase di transito del mio viaggio. Questa fase è caratterizzata dall'impermanenza. È uno stato temporaneo di flusso, cambiamento e movimento costante, che comporta sentimenti di perdita, insicurezza, estraneità e non appartenenza. È un momento di esplorazione che comporta sempre pericolo, un procedere per tentativi ed errori. Può essere un momento emozionante o molto difficile. Come si può vedere dalla mia storia, per me è stato molto difficile.

La destinazione è l'obiettivo finale, quello che lottiamo così duramente per raggiungere e che dà significato e scopo al viaggio. Per la maggior parte di noi arriva più tardi nella vita. Ma ci sono delle indicazioni che possiamo imparare a riconoscere e che possono guidarci e incoraggiarci.

Quando si è ritirato dalla sua pratica, mio marito ha iniziato a viaggiare molto tenendo workshop e seminari in tutto il mondo.

Io ho continuato la mia pratica per altri due anni, ma invidiavo i suoi tour in luoghi emozionanti. Anch'io volevo avere la possibilità di viaggiare. Alla fine, ho chiuso il mio studio e ho iniziato ad accompagnarlo. Da sempre business manager nella nostra relazione, l'ho aiutato a organizzare i suoi workshop e mi sono occupata di tutti gli aspetti più banali della vita e degli affari in modo che potesse concentrarsi senza interruzioni sulla sua creatività e sul suo lavoro originale. Ammiravo profondamente quelle sue qualità, soprattutto perché io non pensavo di possedere alcuna capacità creativa.

Mio marito si sforzò di incoraggiarmi. Credeva che fossi una terapeuta eccezionalmente brava e che avrei dovuto portare avanti la mia carriera sotto quell'aspetto, ma anche cimentarmi nella scrittura. Tuttavia, la paura per me era un grosso ostacolo. Perseguire la mia carriera avrebbe significato non trascorrere la maggior parte del tempo con lui, e quella prospettiva ha risollevato per me lo spettro dell'abbandono. Se non fossi stata lì per occuparmi di tutto e gestire la sua vita, avrebbe potuto scoprire che non aveva bisogno di me. Avrebbe potuto scoprire che non mi voleva. Sarei rimasta sola, e non potevo affrontare quella possibilità.

Inconsciamente ero ancora schiava del perfezionismo di mio padre, il cui motto era: bisogna fare le cose per bene (vale a dire, alla perfezione), altrimenti non vale la pena farle. Tentare qualcosa di nuovo comporta sempre il rischio dell'errore. Theodore Roosevelt una volta disse: "L'unico uomo che non commette mai errori è l'uomo che non fa mai nulla". Poiché per me l'errore era sinonimo di fallimento, e il fallimento non era un'opzione, non facevo nulla che non potessi fare bene; non potevo provare qualcosa di nuovo. Ero paralizzata dalla paura di non essere perfetta e di fallire, ancora una volta, l'esame di mio padre.

A sciogliere il mio blocco del perfezionismo e della paura fu un'esperienza potente che ebbi in quel periodo. Indubbiamente alcuni considereranno questa esperienza molto insolita... ma per me ha cambiato tutto.

Avevo continuato ad accompagnare mio marito nei suoi viaggi e a prendermi cura degli aspetti più noiosi e di routine delle nostre vite. Per lo più era molto divertente, e mi piaceva molto. Dopo un po' di tempo notai che un certo numero di studenti sia sulla costa orientale che occidentale degli Stati Uniti erano seguaci di un maestro spirituale di cui non avevo mai sentito parlare prima di allora. Si chiamava Meher Baba. Sia io che mio marito eravamo decisamente contrari ai guru, ma eravamo rimasti stupiti e colpiti dal calibro delle persone che lo seguivano. Erano persone che conoscevamo, apprezzavamo e rispettavamo da anni prima di venire a sapere del loro legame con Baba. Non indossavano abiti particolari e non cantavano o pubblicizzavano le loro convinzioni. Non avevano niente di bizzarro. In effetti, la maggior parte erano persone messe molto bene e che avevano avuto un discreto successo nelle rispettive professioni.

Decidemmo di indagare e ci facemmo prestare un breve libro sulla vita e l'opera di Meher Baba, che era di origine persiana, ma era nato e morto in India. La lettura mi intrigò e decisi di acquistare l'autobiografia del suo discepolo principale. Quel libro mi scosse profondamente.

Non riuscivo a capire come una persona che veniva considerata una guida spirituale potesse agire o trattare gli altri come faceva lui. Per me Meher Baba era un tiranno dispotico, mentalmente squilibrato e prono a esplosioni di violenza. Ero profondamente disgustata, non faceva per me. Era sconcertante che persone intelligenti e istruite potessero accettare quel tipo di trattamento e rimanere al suo servizio per tutta la vita. Per me era inconcepibile. Pensavo che quella sarebbe stata la fine del mio coinvolgimento con quello che sembrava uno strano culto della personalità da parte di persone che per il resto sembravano completamente normali.

Circa sei mesi dopo, io e mio marito andammo a trovare uno

dei suoi studenti. Jason si era appena trasferito con la sua famiglia in una piccola città nel nord della California, dove aveva stabilito la sua pratica di agopuntura. Tra tutte le persone che conosco, Jason è quella che si avvicina di più a un essere spiritualmente molto evoluto. In un linguaggio religioso, direi che ha delle qualità di santità che si incontrano raramente. Lui e sua moglie sono seguaci di Meher Baba e visitano regolarmente l'ashram di Baba in India per trascorrere del tempo con i discepoli più anziani che sono ancora vivi. Al momento della nostra visita, Jason era appena tornato da uno di questi pellegrinaggi e, su richiesta di un amico, si era portato dietro un grande primo piano di Baba dipinto su tela.

Il ritratto si trovava all'ingresso, in attesa di essere raccolto. Varcai la soglia per entrare dentro casa, ma nel guardare quel viso rimasi bloccata sul posto dai suoi occhi. Non riuscivo a muovermi. Ero stata trafitta. Mi colpì come un fulmine l'intuizione che si trattava del volto di Cristo tornato nel mondo per noi, per me. Mentre quegli occhi mi penetravano il cuore io non avevo alcun dubbio che fosse venuto a reclamarmi e che da quel momento sarei stata sempre Sua. Si riversò in me una sensazione di Luce e Amore che mi riempì e cancellò completamente il buco nero che era sempre stato al centro del mio essere. Non avevo mai provato un'estasi di quel tipo. Sul mio viso iniziarono a scorrere lacrime di gioia e io rimasi lì come in trance, ignara di tutti e di tutto ciò che mi circondava. Le lacrime lavarono via tutto il dolore e tutte le perdite; tutto il dolore stava guarendo. Mi sentivo pervasa di Luce e Amore.

Alla fine tornai in me e mi scusai con i nostri ospiti per quel pianto, ma, di tanto in tanto, le lacrime ricominciavano a scorrere. Fortunatamente, loro furono molto comprensivi, perché anche loro avevano sperimentato qualcosa di simile. Molti anni più tardi, qualcuno disse che si trattava di un'esperienza di conversione e, in effetti, assomigliava molto a come viene descritto l'incontro di San Paolo con Cristo alle porte di

Damasco. Come era avvenuto per Paolo, quell'evento mi cambiò la vita.

PARTE QUATTRO
GUARIRE IL DOLORE

VENTOTTO
TROVARE L'AMORE

Per la prima volta sentivo pienamente l'amore incondizionato e l'accettazione di me per come ero che avevo sempre desiderato. L'insicurezza e la paura vennero esorcizzate dalla consapevolezza che questo Amore era eterno, sarebbe stato lì con me per sempre. Non c'era possibilità di abbandono. Baba si insediò nel mio cuore. La sua presenza riempì il vuoto e scacciò l'oscurità. Il buco nero non c'era più e io mi sentivo completa. In seguito lessi che Egli era solito dire che era Sua abitudine dormire nel cuore degli uomini, e che spetta a noi svegliarLo. In qualche modo si era svegliato nel cuore con un botto, e da allora risiede lì.

Non era solo la mia vita esteriore a essere cambiata, anch'io ero una persona diversa, pronta ad affrontare la vita in modo diverso. Diceva che non era venuto per insegnare, perché all'umanità erano già stati dati abbastanza insegnamenti e rimaneva solo seguirli. La sua missione era diversa. Era venuto ad aprire i cuori degli uomini e certamente aveva spalancato il mio. Mi resi conto che nel costante sforzo di proteggermi avevo eretto barriere per tenere fuori gli altri. Il mio cuore era rimasto chiuso per la maggior parte della mia vita, mentre cercavo di creare piccole isole di sicurezza per me e per le persone a me vicine. Madre Teresa diceva: "Il problema del mondo è che delineiamo il confine della nostra famiglia in un cerchio troppo piccolo". Ero sicuramente colpevole. A quel punto iniziai a comprendere il concetto di inclusione, di ospitalità radicale. Il mio cuore si stava aprendo agli altri e a quel punto trovavo difficile tenere qualcuno fuori. Ci fu un aumento esponenziale nella cerchia della mia famiglia e dei miei cari. L'idea che siamo tutti uno stava iniziando ad avere senso. Come scrisse Murray Bodo nel *Cammino di San Francesco*:

> *"Amare qualcuno o qualcosa in modo esclusivo è essenzialmente isolamento e porta alla solitudine. Solo un amore che includa tutto ciò che Dio ha creato può rendermi completo, e nella misura in cui posso appartenere all'universo senza cercare di aggrapparmi in maniera possessiva a nulla in esso, in tale misura sono libero dalla solitudine."*

Cominciai a capire perché non mi sentivo più sola e isolata. Ora mi sentivo parte di una grande comunità: quella a cui appartiene ogni essere umano. E, in un senso evolutivo più ampio, tutta la creazione faceva parte dell'unità più grande a cui appartenevo. Non mi sarei più sentita un'estranea.

Da un punto di vista spirituale, molte persone credono che dentro ognuno di noi ci sia un luogo abitato dal divino, che è la casa e il luogo sicuro della nostra anima. Il viaggio consiste nel trovare la strada per tornare in questo luogo.

Naturalmente, non tutti vedono la vita attraverso un prisma spirituale. Ci sono sicuramente altri modi altrettanto validi di percepire il mondo, di comprendere la nostra vita e la sua traiettoria. Il poeta Robert Bly e il mitologo Joseph Campbell parlano di "seguire la tua beatitudine". Mihaly Csikszentmihalyi, Professore di psicologia e istruzione, ha indicato il "Flusso" come un modo per migliorare la creatività e la qualità della vita. Lo psichiatra Carl Jung, così come gli psicologi della tradizione della psicologia umanistica, come James Hillman e molti altri, considerano la ricerca del proprio

"Vero Sé" come la chiave per trovare se stessi e la pace interiore. Potrebbe essere tutto la stessa cosa. Indipendentemente da come lo chiamiamo, dobbiamo predisporre un terreno interiore che ci dia una base stabile su cui costruire la nostra vita.

Il mio universo continuava ad espandersi. Ero sempre stata una persona molto cerebrale. Altamente intelligente e addestrata fin dall'infanzia a pensare che le emozioni non mi porteranno da nessuna parte, mentre un buon argomento razionale lo farà, ho valutato la logica e la ragione al di sopra dei sentimenti e dell'intuizione. Inoltre, a causa del trauma emotivo vissuto durante l'infanzia, per molti anni sono stata completamente fuori sincrono con miei sentimenti. La mia intuizione non era sviluppata e non avevo fiducia in essa. Dopo la frantumazione del mio cuore da parte di Baba, ho iniziato a tornare in connessione con i miei sentimenti e la mia intuizione si è aperta. Questo mi ha permesso una visione della realtà completamente diversa e più ampia. Era come se per tutta la vita fino ad allora avessi sofferto di visione a tunnel. Improvvisamente, vidi il mondo in più dimensioni, dimensioni che non sapevo nemmeno esistessero.

Baba divenne una presenza costante nel mio cuore e un compagno costante nella mia vita quotidiana. Parlavo con lui come con un amico e consigliere fidato. Quando ero sopraffatta o angosciata, Lo invocavo semplicemente dicendo: "Aiutami, Baba, non posso farcela da sola. Aiutami, ti prego." E lo faceva sempre. Non chiedeva molto in cambio, solo di ricordarsi sempre di lui o, se fosse stato troppo difficile, di farlo almeno quattro volte al giorno. È facile pensare a lui quando mi sveglio e vado a dormire, e uso il mio computer e l'iPod per ricordarmelo durante il giorno.

La prova del cambiamento è nel cambiamento stesso.

Circa due anni dopo questi eventi, stavo ancora una volta accompagnando mio marito a un seminario che teneva due volte l'anno in Florida. Mentre era lì, il direttore della scuola di agopuntura che aveva ospitato i suoi seminari si avvicinò a noi con la triste notizia che la scuola avrebbe dovuto chiudere a breve, ma ci chiese aiuto per salvarla. Ci avrebbero affiancati altre due persone, a patto che mio marito accettasse di metterci il suo nome e un terzo del capitale necessario per mantenere la scuola in funzione fino a quando non fosse stata in grado di rimettersi in piedi. Ci disse che c'erano già un'amministrazione e una facoltà. Non saremmo chiamati a partecipare per più di una o due riunioni annuali del Consiglio. Rifiutammo con rammarico. Gestire una scuola non rientrava nel nostro progetto di vita. Non avevamo conoscenze in merito, né l'esperienza o l'interesse necessari. Eravamo già grandi e in pensione, stavamo contemplando una vita tranquilla, magari con un po' di viaggi. Dal punto di vista finanziario stavamo bene, ma non eravamo affatto ricchi e un investimento di quel calibro avrebbe ridotto i nostri mezzi. Non potevamo farlo, eravamo entrambi d'accordo.

Tornando verso nord, ci fermammo come al solito per alcuni giorni al Centro di ritiro di Meher Baba nella Carolina del Sud. Il secondo giorno, mio marito mi chiese se avevo ricevuto un messaggio da Baba. Gli risposi di sì, anche se non ero stata felice di sentirlo. Entrambi sentivamo fortemente che Baba desiderava che tornassimo indietro e ci impegnassimo con la scuola. Era una chiamata chiara e non l'abbiamo messa in discussione. Siamo tornati in Florida e ci siamo imbarcati nel compito che ci era stato assegnato.

Si rivelò molto più difficile e costoso di quanto fossimo stati portati a credere, sotto tutti i punti di vista. Divenne presto chiaro che la scuola, per sopravvivere, avrebbe avuto bisogno di essere sostenuta per un certo numero di anni e che l'investimento iniziale che ci era stato chiesto di fare non sarebbe stato sufficiente. Il vecchio personale non lavorava affatto in maniera adeguata e doveva essere sostituito. Dato che stavamo operando con un budget molto limitato non c'erano risorse per assumere un nuovo direttore competente, e io mi sono offerta volontaria per svolgere quel lavoro a tempo pieno. Per questo motivo ci siamo dovuti trasferire in Florida, dove abbiamo vissuto e lavorato per i successivi otto anni. Durante il mio mandato la scuola è diventata un college accreditato con licenza statale, con un'eccellente reputazione nel settore del suo programma accademico. Quando mi sono ritirata siamo stati in grado di assumere un direttore con esperienza nell'istruzione superiore. Il college era sulla buona strada per avere un futuro di successo.

Non avrei mai potuto portare a termine quel compito senza i cambiamenti che aveva apportato alla mia vita e alla mia personalità l'incontro con Baba. Davanti alla prospettiva di impegnare circa un terzo dei nostri risparmi in un investimento piuttosto incerto, mio marito, che aveva quasi vent'anni più di me, mi fece notare che i soldi che stavamo rischiando di perdere erano quelli per la mia pensione. Chiese a me di decidere. Io sentivo che avevamo ricevuto i nostri ordini da Baba e non esitai. Sono stata chiamata più volte parsimoniosa. Mi piace risparmiare. In passato la mia insicurezza non mi avrebbe permesso di investire denaro in un'impresa rischiosa e sono ancora altamente avversa al rischio, ma non appena mi sono sentita sicura che quello fosse il piano di Baba, non ho avuto ripensamenti.

La paura di fallire, che era stata un'altra delle mie forze trainanti, cadde nel dimenticatoio. Questo mi ha permesso di liberarmi dei legami con il passato. Non avevo assolutamente alcuna esperienza nella gestione di una scuola, tanto meno di un istituto di istruzione superiore. In quanto nuova direttrice, spettava a me ottenere l'accreditamento per la scuola, un compito non facile. Poi ho dovuto convincere lo stato a concederci la licenza di college: un'altra impresa formidabile. E infine, ho dovuto destreggiarmi con i soldi per tenerci a galla. Una parte di questo compito comportava la raccolta di fondi. Chiedere denaro era molto difficile per me, ma era una cosa che andata fatta e che spettava a me fare. Inoltre, non avevo esperienza con la contabilità e, quando ho presentato il mio primo bilancio all'Advisory Board, il presidente, un contabile professionista, era perplesso. Mi disse che quello che avevo presentato non era affatto un budget. Mi sentii molto in imbarazzo, per cui comprai un libro sull'argomento e dovetti rifare tutto e presentare qualcosa che i professionisti potevano riconoscere e accettare come budget.

Sebbene i risultati finali siano stati soddisfacenti, lungo la strada ho commesso molti errori, e non sempre ho potuto prendermi il tempo per cercare di rendere tutto perfetto. Sono stati due i cambiamenti fondamentali nelle mie convinzioni interne che mi hanno permesso di fare questo difficile lavoro di nutrimento e crescita della scuola.

Per prima cosa non mi sono più assunta la responsabilità del risultato finale. L'unica responsabilità che sentivo era quella di fare del mio meglio, perché era qualcosa che potevo controllare. Il risultato non dipendeva da me perché il mio potere e il mio controllo erano limitati. Mi sentivo come un ufficiale in battaglia che, avendo ricevuto ordini dal generale, è responsabile di eseguirli al meglio delle sue capacità. È responsabile solo del suo incarico e delle sue azioni. Non è responsabile dell'intera battaglia e non è responsabile del suo esito finale. Questa nuova convinzione mi ha liberato dalla preoccupazione per i risultati finali e mi ha permesso di concentrarmi sul lavoro.

Il secondo cambiamento comportò la comprensione e l'accettazione del fatto che, poiché io stessa ero un essere imperfetto, nulla di ciò che facevo sarebbe stato perfetto. Alla fine mi resi conto che la perfezione non era necessaria e che era sufficiente fare del mio meglio. Anche se non era stato sufficiente per mio padre, era sufficiente per il Dio che mi ha fatta imperfetta e che non ha mai chiesto più del mio meglio.

Per la maggior parte della mia vita, ero stata paralizzata dalla paura che i miei sforzi non sarebbero stati sufficienti. Quella paura mi teneva lontana dalle nuove esperienze e bloccava completamente la mia creatività. La mia nuova prospettiva mi ha permesso di agire e di correre dei rischi. Se quello che facevo non era perfetto (come quando ho presentato il budget completamente inadeguato, che è stato oggetto di molte risate nel corso degli anni), non mi sentivo devastata: sapevo che dovevo fare di meglio e che avrei avuto un'altra possibilità. Alla fine sono diventata molto brava a preparare i budget!

Un'altra apprensione che governava la mia vita era la paura dell'abbandono e il conseguente terrore di rimanere sola. Ho già descritto gli attacchi di panico che mi hanno tormentata fin dalla prima infanzia e che non sono andati via in età adulta. Mi assicuravo sempre, per quanto possibile, di non rimanere sola. Questa paura probabilmente ha giocato un ruolo importante nell'abbandono della pratica quando mio marito è andato in pensione e ha iniziato a viaggiare molto. Era un enorme ostacolo alla mia libertà e limitava le scelte che potevo fare. Quando sono diventata direttrice a tempo pieno ho potuto prendermi solo quantità molto limitate di tempo libero, e mio marito voleva stare nelle sue amate montagne al nord. Pur essendo molto impegnato per il college, poteva comunque tenersi le estati libere, mentre io non potevo. Vivevamo in un piccolo cottage e non mi piaceva affatto essere lasciata sola per mesi. Ma, col tempo, mi sono resa conto che anche quella era una benedizione per me. Ho scoperto che i miei attacchi di panico erano spariti. Non è che non avessi più paura. È che la paura non governava più la mia vita. Nel profondo sapevo che qualunque fossero le prove che Dio aveva in mente per me, Egli mi avrebbe dato anche le forze per sopportarle. Non sarei mai più stata sola.

I risultati di tutti questi cambiamenti profondi continuano a dispiegarsi nella mia vita, mentre percorro nuove strade e mi avventuro in territori nuovi. Un risultato di questi cambiamenti è stata la mia capacità di scrivere questo libro. È un esempio del tipo di rischio che non avrei mai potuto correre prima. Un altro esempio è stata la scelta, dopo essermi ritirata dalla mia posizione al college, di trascorrere i miei inverni nella bellissima Sarasota, vicino a mio figlio e a sei nipoti. Per diversi anni mio marito ha continuato a insegnare e a lavorare con la facoltà del college a duecento miglia di distanza. Ora vivo da sola diversi mesi all'anno e mi godo il tempo che finalmente posso dedicare alla mia famiglia. Prima di liberarmi dalle catene della paura non avrei potuto fare una scelta simile.

La mia vita è stata un lungo, lungo viaggio, non solo in miglia percorse e in anni vissuti, ma anche dal sentirmi persa e schiava del trauma, e delle richieste e aspettative degli altri... alla libertà interiore di amare, accettare ed essere il mio vero io. La mia nuova libertà mi consente di continuare a esplorare le molte eccitanti possibilità che la vita ha da offrire. Nella mia vecchiaia, la mia vita è migliore che mai.

Mi rendo conto di come la mia storia sia stata raccontata attraverso il prisma della mia esperienza molto personale, che non farò eco con tutti i lettori. Non posso scrivere nulla sulla Verità. Posso solo parlare della mia esperienza, dei miei pensieri, delle mie convinzioni. Posso solo scrivere della verità così come la vedo io. Ciò significa che mentre tutti i fatti riportati in questo libro sono, nei limiti della mia conoscenza, accurati, la loro interpretazione e il loro significato sono completamente soggettivi.

In quanto psicoterapeuta abituata ad analizzare la vita e i problemi umani attraverso la lente della psicologia, ho riflettuto molto sulla comprensione e sulla spiegazione della mia vita e della mia trasformazione utilizzando una prospettiva scientifica piuttosto che spirituale. Nell'ultima parte di questo libro, vorrei offrire questa spiegazione alternativa a coloro che sono interessati alla psicologia e a coloro per i quali la guarigione e la trasformazione non sono abbastanza convincenti per come le ho raccontate, ma che sono comunque curiosi di sapere come tali trasformazioni possono verificarsi e, di fatto, si verificano.

VENTINOVE
EMERSIONE

"La maggior parte delle persone, prima o poi, deve rimanere da sola e soffrire, e la forma finale di ciascuno è determinata da come risponde alla sua prova: ad emergere sono o schiavi delle circostanze, o, in un certo senso, capitani delle proprie anime." Charles E. Raven, "A Wanderer's Way"

COME LA MAGGIOR parte delle persone, anch'io desideravo essere felice, e, come per la maggior parte delle persone, per me la felicità significava amore, sicurezza e senso di appartenenza. Una famiglia, una casa. L'infanzia e l'adolescenza mi hanno lasciata senza quegli elementi di sicurezza e felicità, e ho trascorso molti anni della mia vita triste, spaventata, depressa e infelice. Ma sono sempre stata una combattente, e la resa per me non è mai stata un'opzione. Mi sono assunta la responsabilità della mia vita. Non mi è mai venuto in mente di dare la colpa agli altri per i miei problemi o per la mia situazione. Se c'era qualcuno da incolpare, ero io stessa. Ero io a comandare la mia nave, se non ancora la mia anima. Quindi ho lottato con i miei demoni, cercando sempre di cambiare me stessa in meglio nella speranza di creare un futuro più felice del mio passato. Una delle questioni più difficili da affrontare per me era la terribile crudeltà e ingiustizia a cui ero stata esposta fin dall'infanzia: la causa di tanta sofferenza e di tanta morte. I miei genitori mi hanno cresciuta per ricordare e, sebbene il ricordo innescasse reazioni dolorose, sentivo il dovere di non dimenticare mai. Odiavo con passione i tedeschi, che avevano inflitto tali atrocità al mio popolo. Non avrei mai potuto dimenticare o perdonare. Eppure, l'odio mi teneva in catene. Non portava alla guarigione.

Leggendo *Il Re in eterno,* un romanzo arturiano di T. H. White, sono rimasta ipnotizzata da questo passaggio:

> *L'uomo deve essere pronto a dire: Sì, da quando è esistito Caino è esistita l'ingiustizia, ma l'unico modo per porre fina alla miseria è accettare uno status quo. Sono state rubate terre e nazioni, sono stati uccisi uomini. Ricominciamo da capo senza memoria, piuttosto che vivere avanti e indietro allo stesso tempo. Non possiamo costruire il futuro vendicando il passato. Sediamoci insieme come fratelli e accettiamo la Pace di Dio.*

Queste parole si rivolgono direttamente alla mia esperienza, al mio passato, al mio trauma. Offrono una prospettiva nuova e radicalmente diversa su come muoversi verso il futuro. Questo passaggio mi colpì e mi commosse profondamente, ma non potevo accettare il suo significato. Chiedeva di accettare l'inaccettabile, di dimenticare, di lasciar andare. Sedersi insieme come fratelli implicava il perdono. No, non ero pronta, e non lo sarei stata per molto tempo.

Penso che il fattore più importante nella mia guarigione sia stato abbracciare un ruolo attivo nella vita. Assumermi la responsabilità della mia vita mi ha reso una sopravvissuta, non una vittima. E questo è un punto fondamentale. La vittima è indifesa. Chi sopravvive ha potere. Nel corso della mia pratica ho scoperto che ogni volta che un paziente si concentrava su ciò che gli veniva fatto e assumeva il ruolo di una vittima, se non in grado di capovolgere la sua prospettiva e convincerlo ad assumersi la sua responsabilità, ad abbracciare il suo potere, non era possibile nessun movimento in avanti. Le vittime subiscono. Non possono agire. Non hanno altra scelta che accettare ciò che accade loro. Chi sopravvive può agire in modi diversi, a volte non fisicamente, ma almeno può resistere psicologicamente. Può contrattaccare. Ha delle opzioni e non deve accettare passivamente il proprio destino. Essere o diventare una persona che combatte e si assume la responsabilità della propria vita è il primo passo cruciale in qualsiasi guarigione, specialmente dal trauma.

Con l'espressione "assumere la responsabilità" non intendo incolpare se stessi per le azioni degli altri. Siamo responsabili solo delle nostre azioni. Due donne vengono rapinate e violentate mentre percorrono una strada buia. Una precipita nella depressione più cupa, abbandona il lavoro e vive una vita di paura, tenendo a bada i pensieri sul suicidio facendo uso massiccio di farmaci e cavandosela a stento con una pensione di disabilità. L'altra, carica di rabbia per la violenza, trasforma le sue energie nell'organizzazione di un movimento contro lo stupro, nell'educazione del pubblico e nell'aiutare altre donne a evitare il terribile trauma che lei stessa ha subito. Nessuna delle due donne porta la responsabilità di quello che le è successo, ma sono entrambe responsabili per quello che fanno dopo con la propria vita. Mentre la prima donna diventa una vittima sconfitta dall'assalto subito, la seconda lo trasforma in qualcosa di positivo per gli altri e diventa un'attivista. In tal modo, trascende il proprio dolore permettendo l'inizio della guarigione.

Naturalmente non sto incolpando la "vittima" che è incapace di rimettersi in piedi e andare avanti e che è finita in una triste spirale verso il basso. Forse non era in grado di impegnarsi attivamente in un processo di guarigione a causa della completa mancanza di risorse. A parte coloro che hanno un'eccezionale resilienza e forza interiore, tutti abbiamo bisogno di aiuto e sostegno in tempi di crisi. Gli eventi traumatici sono sempre destabilizzanti, e per superare i loro effetti distruttivi dobbiamo avere abbastanza stabilità in altre aree della vita. Relazioni stabili e amorevoli, una rete di amici e familiari, un reddito adeguato per soddisfare i bisogni di base, una buona salute mentale e fisica e l'accesso a terapie o insegnanti dotati di sensibilità psicologica sono tutti fattori importanti per la guarigione. La mancanza di uno qualsiasi di questi elementi critici rende il recupero più difficile. La mancanza di molti lo rende quasi impossibile.

TRENTA
AFFRONTARE IL DOLORE

AFFRONTARE la sofferenza è una cosa complicata, e si può sbagliare sia con la passività, come nell'esempio precedente, che con azioni di tipo sbagliato. Per guarire dobbiamo affrontare il dolore, ma dobbiamo farlo nel modo corretto.

Come dice David Ford in *The Shape of Living*: *"Accettare il dolore è un'arma a doppio taglio. Da un lato ci sono i tipi sbagliati di passività che si lasciano schiacciare dal male, non riescono a dare valore alla vita e alla salute e glorificano la sofferenza come qualcosa di buono in sé. Dall'altro lato ci sono i tipi sbagliati di azione, che puntano all'eliminazione assoluta della sofferenza, cercano sopra ogni cosa benessere e controllo e non riescono a riconoscere la superficialità e la noia di un mondo privato dal rischio che le cose vadano male. Nel mezzo c'è un'apprendistato che può essere seguito solo da coloro che conoscono il mestiere della sofferenza e hanno imparato quando e come accettarla. Coloro che riconoscono che una grande sofferenza è schiacciante, e quindi non può che essere semplicemente attraversata. Arriva un momento in cui le domande cambiano. Non ci chiediamo più come evitare una particolare sofferenza o perché stia accadendo a noi. E allora tutte le nostre risorse si concentrano su come potremmo superarla, e la nostra domanda finale, se abbiamo la possibilità di imparare da coloro che conoscono meglio il mestiere, diventa: a cosa serve? La speranza di base è che la sofferenza, il male e persino la morte non abbiano l'ultima parola sulla vita..."*

Io sono stata fortunata sotto molti punti di vista. Nonostante il mio PTSD, ho sempre avuto molta forza interiore e resilienza. Ho sempre avuto risorse adeguate, anche se a volte minime, per soddisfare i miei bisogni di base. Di tanto in tanto, ho avuto accesso alla terapia e, sempre nella mia vita, ho avuto intorno persone che a modo loro mi amavano, si prendevano cura di me ed erano lì in tutto e per tutto. Sono stati tutti degli insegnanti.

Prima ci sono stati i miei genitori, che mi hanno insegnato valori che avrei portato con me per tutta la vita: verità e giustizia. Sono stati loro a radicare in me la convinzione che la vita abbia uno scopo più alto della realizzazione di desideri egocentrici. Mi hanno presentato l'idea del servizio per gli altri e della dedizione a una causa che va oltre il proprio interesse immediato. Hanno anche posto le basi del mio carattere fissando standard etici di calibro alto: integrità, lealtà, onore.

Il mio primo marito mi ha accettata e amata acriticamente per quello che sembravo essere, o, almeno, per quello che ero al momento del nostro matrimonio. Cosa che riempì un desiderio profondo che avevo dentro di me. Il prezzo del suo amore era che sarei dovuta rimanere in eterno nella mia gabbia dorata. Non potevo crescere e cambiare, ma ero accettata e amata così com'ero. Il suo amore acritico e la sua accettazione sono stati un grande dono che mi ha fatto sentire sicura e, come un raggio di sole, ha stimolato la mia crescita.

Il mio secondo marito non mi ha dato alcuna sicurezza. Il suo amore era molto condizionato dal mio comportamento, che per la maggior parte non gli piaceva. Era sempre pronto a tirarsi fuori dal matrimonio. Quello che mi ha dato è stato il riconoscimento e l'ammirazione del mio potenziale e l'incoraggiamento e il sostegno necessario per la mia crescita. Ha visualizzato cosa sarei potuta diventare e mi ha ispirato a perseguire il mio sviluppo mentale, psicologico e spirituale. Ha esemplificato per me la capacità di perseverare e di lavorare sodo, mi ha insegnato come costruire un fondamento. Nonostante le critiche, a modo suo mi ha sempre amata. Studiando la terapia matrimoniale Imago ho capito cos'era che ci legava così strettamente insieme e che ci ha tenuti impegnati l'uno con l'altra per motivi psicologici piuttosto complicati, nonostante la strada accidentata che stavamo percorrendo. Né io né lui eravamo capaci di vero amore, ma entrambi stavamo lottando per imparare.

Durante la loro infanzia, i miei figli erano state le uniche persone, ad eccezione della mia tata, a darmi amore incondizionato. Li amavo con tutto il cuore. Il loro amore mi ha dato nutrimento e sostegno, guarendo alcune delle convinzioni negative che avevo sviluppato: in particolare, quella che fossi impossibile da amare. Senza di loro e il loro amore non sarei potuta diventare quello che sono. In seguito mi hanno fatto un regalo più doloroso, ma non meno prezioso. Entrambi hanno sofferto molto per il mio abbandono della famiglia, e ci sono voluti molti anni perché potessero perdonarmi. Durante quegli anni, ripetute volte, mi hanno fatto il cuore a pezzi con colpi paragonabili a quelli di un martello.

Diverse volte avrei voluto disperatamente aiutare il mio figlio maggiore quando era in difficoltà, ma tutte le mie offerte venivano respinte.

"Perché non lasci che ti aiuti?" Ho supplicato più e più volte.

"Perché quando stavo crescendo e avevo davvero bisogno di aiuto, nessuno era lì per me. Ora non ho bisogno di nessuno, posso farcela da solo." Era la sua risposta ricorrente.

Non c'è niente di più doloroso per una madre che guardare il proprio figlio in difficoltà e vedere rifiutato il proprio aiuto. Mi ha fatta sentire un completo fallimento in quanto madre. E non potevo aiutare nemmeno i miei nipoti. Quando i miei figli hanno avuto difficoltà a crescere la loro prole, ho imparato presto e dolorosamente che i miei suggerimenti non erano desiderati. Mi è stato comunicato che, essendo stata assente negli anni della loro crescita, non avrei potuto essere all'altezza come nonna.

A un certo punto, arrivai a credere di essere stata la causa di tutti i problemi e di tutta l'infelicità del mio figlio minore, per via del mio abbandono. Mi sentivo responsabile del suo dolore. Mi raccontò in grande dettaglio la miseria che aveva sofferto crescendo con un padre e un fratello che si erano alleati contro di lui. Non condivideva il loro interesse per lo sport e la pesca e amava piuttosto la musica e l'arte – che loro non apprezzavano. Si era sentito alienato, incompreso e non apprezzato, proprio come mi ero sentita io crescendo. Lui era disposto ad accettare qualsiasi aiuto potessi dargli, ma a me sembrava sempre che fosse troppo poco, troppo tardi. Nulla avrebbe mai potuto rimediare al danno che gli avevo fatto andando via.

Amavo i miei figli oltre misura, e mi spezzava il cuore sapere che uno di loro aveva bisogno di aiuto ma non l'avrebbe accettato da me, mentre l'altro non avrei mai potuto aiutarlo abbastanza. E peggio ancora, che tutto il dolore che provavano era attribuibile alle scelte che avevo fatto. Quella consapevolezza mi ha causato grande sofferenza.

Proprio come l'incidente d'auto che mi ha scossa dolorosamente dalla mia vecchia vita e mi ha catapultata nel futuro, questi colpi atroci sono stati necessari per l'apertura del mio cuore reso duro e chiuso dal trauma, incrostato di difese che avevo costruito nel tempo. Il mio cuore aveva un disperato bisogno di essere aperto e il dolore e la rabbia dei miei figli sono stati di grande aiuto nel rendere quel processo possibile. Senza di loro non avrei potuto fare il passo successivo nel mio viaggio verso la guarigione.

TRENTUNO
COMPRENSIONE ED EMPATIA

Tutti i miei pazienti sono stati per me degli insegnanti. Mi hanno insegnato l'empatia e la comprensione, la pazienza e la sensibilità. Da loro ho imparato che non potevo risolvere ogni problema impiegando tecniche efficaci, o semplicemente *facendo*: che a volte era sufficiente stare con qualcuno, essere lì per loro, essere testimone del loro dolore fino a quando non sarebbero stati pronti ad andare avanti. Alcuni di loro sono stati esempi di persone buone che avevano fatto cose cattive. E, con la consapevolezza delle loro motivazioni, non potevo né criticare né giudicare. La fiducia che mi hanno mostrato i miei pazienti aprendo i loro cuori e le loro menti e condividendo con me le loro ferite, quelle parti di sé che ognuno di noi cerca di coprire e nascondere, mi ha insegnato un diverso tipo di coraggio. Essere accolta nei loro cuori e nelle loro menti in un modo tanto intimo mi ha insegnato l'*agape*, un tipo di amore diverso. Non potevo fare a meno di amarli tutti. Il mio cuore, prima limitato alla famiglia e agli amici intimi, si stava finalmente aprendo all'*"altro"*. Grazie a loro è cresciuta la mia capacità di accettare, rispettare e apprezzare le differenze.

L'esempio precedente, quello delle due donne che sono state vittime di violenza, è molto in bianco e nero, con una persona che si disimpegna dalla vita a causa di un trauma (droga, malattia mentale) e l'altra che si impegna per una causa. In quell'esempio, il disimpegno diventa qualcosa di negativo mentre il coinvolgimento ha un esito positivo. La realtà è molto più complicata. La vera questione qui non è il percorso di impegno o il suo opposto, ma piuttosto la posizione che si assume: quella di qualcuno con potere decisionale, o quella di qualcuno che rinuncia al controllo sulla propria vita e sul proprio destino. Quando si è molto malati, il disimpegno può essere la migliore strategia di guarigione. Affannarsi in giro indebolisce ulteriormente l'organismo, mentre il ritiro nell'inattività e il riposo promuovono la sua capacità di guarire. Il disimpegno può essere una scelta attiva piuttosto che una resa passiva.

Entrambe le strategie di azione o disimpegno possono svolgere un ruolo positivo o negativo nella vita. Entrambe possono essere utili a breve termine. È quando rinunciamo al perseguimento attivo dei nostri obiettivi e ci rassegniamo ad accettare ciò che gli altri o la vita ci offrono, è allora che rinunciamo alla nostra possibilità di andare avanti. Allora che non siamo più capitani della nostra nave, solo passeggeri indifesi in viaggio verso una destinazione scelta da qualcun altro. La questione, quindi, non sta nello scegliere se essere attivi o passivi in una determinata situazione, è la scelta in sé.

Per me, non scegliere non è mai stata un'opzione. Avrebbe significato rinunciare alla mia individualità e libertà. Anche quando ho scelto di fare quello che si aspettavano gli altri, piuttosto che quello che volevo (come andare al raduno Scout), la scelta è stata mia. Suppongo che sia questo il motivo per cui ero considerata una ribelle, un'anticonformista, diversa. Ma essere anticonformisti non è l'unica strada verso la libertà. La mia adorata sorella, Helen, era completamente diversa da me. Durante l'infanzia, i suoi desideri coincidevano per la maggior parte con quelli dei nostri genitori, e così scelse di fare ciò che ci si aspettava da lei, guadagnandosi elogi laddove a me toccavano critiche e punizioni. Di nuovo, il punto non è quali scelte si fanno, quali strategie si impiegano o quale percorso si percorre. Quello che conta è assumersi la responsabilità delle scelte che si fanno. È questo ciò che ci consente di stare alla guida del nostro percorso.

Come ho descritto in dettaglio, mi sentivo in grado di prendere decisioni, sentivo di avere delle scelte. Non sono state sempre decisioni buone, anzi molte sono state errori terribili e con conseguenze dolorose per me e per i miei cari. Anche in questo caso, il punto fondamentale è l'assunzione di responsabilità. Durante i periodi bui della mia vita, gli amici con più empatia a volte mi facevano notare che tendevo a incolpare sempre me stessa, ma che non tutto è sempre colpa mia. Tuttavia, io capivo istintivamente che incolpando un'altra persona ed evitando la responsabilità, avrei rinunciato al mio potere di influenzare e cambiare il mio futuro. Possiamo cambiare solo noi stessi. E, come la variabile critica in ogni equazione, quando cambiamo noi stessi cambiamo automaticamente il risultato.

Ritrovandomi nella posizione di giovane adulta miseramente infelice e spaventata, ho preso provvedimenti. Ho sposato un uomo più anziano, che, pensavo, mi avrebbe protetto dai goblin; mi sono allontanata dalla mia famiglia di origine che era così fortemente legata alle radici della mia sofferenza; mi sono distratta impegnandomi moltissimo nel compiere opere di bene (giustizia sociale, ambiente); e ho continuato a educarmi attraverso la lettura e la terapia. Spinta dalla paura, e nel disperato tentativo di trovare uno scopo e un significato nella mia vita piena di dolore, ho continuato a correre seguendo un ritmo frenetico.

Quando il mio matrimonio non mi ha fornito il sostegno e la comprensione di cui avevo disperatamente bisogno, l'ho abbandonato ferendo profondamente mio marito e i miei figli. Sentivo la spinta ad andare avanti e continuare a correre lontano dai miei demoni e alla ricerca dell'ineffabile Graal. Anni dopo mi imbattei in un pensatore profondo, Christopher Bryant, che in *The River Within* scrisse:

"Una persona non realizza se stessa a spese degli altri."

Ma ormai era troppo tardi. All'epoca avevo reagito in risposta alle mie pulsioni interiori, in maniera insensibile, e ignara del prezzo che avrebbero pagato gli altri a causa della mia mancanza di auto-consapevolezza.

Il nostro cervello antico è programmato per sopravvivere. Scappare dal pericolo è una strategia comune e spesso efficace che personalmente ho sfruttato fino in fondo. La fuga, tuttavia, pur avendo il potenziale di allontanare dal pericolo e garantire la sopravvivenza, non può fare nulla per farci avanzare nel nostro viaggio o per farci avvicinare ai nostri obbiettivi. Naturalmente, la sopravvivenza deve venire prima di tutto, anche se dovesse significare correre in cerchio invece di avanzare. Senza sopravvivenza non è possibile raggiungere lo scopo della vita.

Sfortunatamente il PTSD distorce i circuiti neurologici del cervello. Come le malattie autoimmuni, che identificano erroneamente le cellule normali come intruse e nemiche e le attaccano causando infiammazioni e altri problemi gravi, il cervello colpito da PTSD innesca allarmi di pericolo costanti quando non vi è alcuna minaccia reale. Come la maggior parte delle persone che soffrono di questo disturbo, ho continuato a correre in cerchio per la maggior parte della mia vita, cercando di sfuggire a pericoli inesistenti, cercando solo di sopravvivere.

Operare sempre in modalità di sopravvivenza produce una serie di risultati sfortunati. Il cervello antico ha tre pulsioni di base, e sebbene la sopravvivenza sia quella fondamentale, le altre hanno a che fare con la qualità della vita. Una è la spinta a provare piacere: come la lucertola che prende il sole su una roccia calda; l'altra è la spinta a esprimere la carica vitale attraverso il sesso e il gioco. Quando il cervello è impegnato a sopravvivere, le altre due sono relegate nel sedile posteriore.

Uno degli effetti collaterali dei miei costanti picchi di adrenalina nel tentativo di sfuggire all'annientamento era l'incapacità di godere appieno dei piaceri della vita. Prima di potersi rilassare e godere di sensazioni piacevoli o abbandonarsi a dell'ottimo sesso, bisogna smettere di correre e sentirsi al sicuro, e io non ne ero in grado.

Come scrissi una volta in un diario:

> *"Al centro della mia esistenza, in un luogo che sono poco propensa a visitare, c'è un lago profondo e oscuro, fatto di sofferenza, disperazione, angoscia, dolore e perdita."*

La verità è che *visitare* quel luogo non era proprio un'opzione. Per me evitarlo era una questione di vita o di morte. Quel posto era come un buco nero nella sostanza del mio essere che minacciava di inghiottirmi e distruggermi. Dovevo evitarlo a tutti i costi. Dovevo continuare a correre.

All'inizio sono stata la moglie e la madre "perfetta". Ho cucinato tutto da zero, sfornato il pane e cucito vestiti per la famiglia. È stata una bella impresa, perché crescendo non avevo acquisito nessuna di quelle abilità e ho dovuto impararle da sola, attraverso la lettura e procedendo per tentativi. È stata una sfida che per qualche anno mi ha offerto una distrazione. Durante quel periodo ho ricevuto nutrimento in abbondanza dai miei giovani figli, che erano la gioia della mia vita. Come scrissi molti anni dopo in una lettera:

> *"La nascita dei miei figli è stata la gioia più grande che abbia mai provato. Non avevo mai provato tanta felicità prima che entrassero nella mia vita. Non ho mai amato nessuno nello stesso modo o con la stessa intensità. Altri genitori proveranno la stessa cosa, ma i miei sentimenti sono stati amplificati dal fatto che non avevo e non avrei mai provato quel tipo di gioia, né prima, né dopo."*

Mi preoccupava il fatto che mio marito odiasse il suo lavoro e lo incoraggiai a dedicarsi al lavoro sociale, dove sapevo che avrebbe eccelso e che pensavo avrebbe trovato gratificante. Avrebbe comportato un dimezzamento dello stipendio, ma la cosa non mi preoccupava. La sua felicità e realizzazione per me significavano più del denaro. In precedenza l'avevo incoraggiato a comprare una barca di dieci metri perché la pesca e l'oceano erano la sua passione. Volevo che fosse felice, come se nella sua contentezza potessi anch'io trovare, a mia volta, la mia. Quando ha cambiato lavoro non potevamo più permetterci la barca, ma pensavo che gli sarebbe andato bene noleggiarla una o due volte al mese per pagare le spese. Ci ha provato, ma lo trovava insopportabile. Era un solitario e non tollerava gli "sciocchi" che non sapevano nulla di pesca o di barche. I soldi cominciarono a scarseggiare e io tornai a lavorare a tempo pieno.

Iniziai a correre più veloce che mai. Sebbene non cucinassi più da zero, non sfornassi più pane e non cucissi più i nostri vestiti, avevo un lavoro a tempo pieno e una famiglia da gestire, con due bambini piccoli che avevano bisogno del mio tempo e delle mie attenzioni. Mio marito proveniva dalla generazione in cui gli uomini non si impegnavano a cucinare, fare il bucato o fare le pulizie. Dato il mio background, mi sarei sentita un fallimento se non avessi potuto farcela da sola.

Mentre il mio matrimonio continuava a deteriorarsi, io scappavo di casa impegnandomi in attività sempre più dispendiose in termini di tempo. Non erano attività di natura ricreativa. Erano sempre buone cause al servizio degli altri. Ho sempre combattuto il male al servizio della giustizia. Questo mi ha permesso di sentire che stavo sacrificando il mio tempo, le mie energie e la mia vita per uno scopo più alto, e di evitare di riconoscere che stavo sfuggendo alle mie vere responsabilità.

Il mio secondo matrimonio si è sviluppato in un modo diverso. Come il primo, anche il mio secondo marito era un tipo solitario. Era anche uno scrittore, e aveva bisogno di molte ore al giorno per pensare e scrivere. Scrivere è un'occupazione solitaria e per me era frustrante che avesse poco tempo per me e che, come il primo, non fosse bravo a comunicare. Aveva un suo processo interiore e il mio bisogno di risolvere pensieri, idee e problemi attraverso lunghe conversazioni non gli era congeniale. I miei sentimenti di solitudine erano amplificati dal fatto che ci eravamo trasferiti in una casa nuova e in una zona remota e isolata dove non ero in grado di trovare una comunità di spiriti affini.

Inoltre, mi stavo ancora riprendendo dal mio incidente d'auto, che per mesi ha impedito il mio impegno attivo in qualsiasi tipo di lavoro. In altre parole, ero bloccata e immobilizzata, e, per la prima volta, incapace di correre. Caddi in una depressione profonda. Il mio meccanismo di coping divenne il disimpegno e la fuga dalla vita reale. Per la prima volta nella mia vita, ho iniziato a guardare soap opera e leggere romanzi d'amore. Con grande stupore di mio marito, divenni un'appassionata fan di Barbara Cartland e divorai ogni nuovo volume su cui riuscivo a mettere le mani. Dal momento che non ero ancora in grado di prendere parte in alcun lavoro significativo, mi tenevo occupata con attività insignificanti.

Le mie ferite stavano guarendo, ma ero bloccata nel mio umore nero e nel mio escapismo. Né mio marito né il mio matrimonio potevano competere con le storie d'amore della Reggenza che assorbivano il mio tempo e i miei pensieri permettendomi di dimorare in una irrealtà bellissima. La fantasia dell'amore perfetto, che tanto desideravo, non trovava riscontro nella vita reale.

La fatidica mattina in cui mi svegliai con il sole che filtrava dalle finestre e, con la sua luce, dissipava il buio dei mesi precedenti, segnò la fine della mia depressione. Fu come svegliarsi da un lungo sonno. Mi sentivo piena di energia e pronta a riprendere a vivere. Non so come spiegare lo scioglimento improvviso della depressione che durava da mesi. Non prendevo alcun farmaco. Da un punto di vista delle energie fu certamente un grande cambiamento. Avevo passato fin troppo tempo nell'autocommiserazione e in uno stato di impotenza, ed ero pronta ad assumermi le mie responsabilità e a tornare ad agire. Forse l'inattività mi aveva semplicemente annoiata.

Mio marito mi ha incoraggiata fortemente a perseguire il mio interesse per la psicologia. Continuava a rassicurarmi con la sua sicurezza nella mia intelligenza e nel mio talento e credeva che avrei dovuto fare qualcosa per sviluppare i miei doni. Allora ho iniziato una pratica di psicoterapia e ho scoperto la passione per questo lavoro. Man mano che mi impegnavo sempre di più nello studio e nella pratica, continuavano ad aprirsi nuovi orizzonti. Avevo trovato la mia felicità. Studiando psicologia e psicoterapia in modo profondamente impegnato, ho iniziato a smascherare e capire alcuni dei miei problemi, ho iniziato a sapere chi ero. Studiando terapia matrimoniale, ho iniziato a capire i problemi della mia relazione. L'intuizione e la comprensione, da sole, non sono sufficienti per effettuare il cambiamento. Ma sono un inizio necessario. È difficile ottenere il cambiamento senza intuizione e comprensione. Il percorso verso la guarigione e l'apprendimento a volte sono molto simili.

In ultima analisi, tutti desideriamo comprensione, accettazione e amore. Solo quando abbiamo queste cose ci sentiamo al sicuro, in pace e felici. L'accettazione e l'amore derivano dalla comprensione, ma prima deve esserci il perdono. Solo in questo modo si può guarire sia a livello spirituale che psicologico. È qui che i due percorsi convergono.

La comprensione che ho acquisito attraverso la lettura, lo studio e la terapia mi ha aiutata ad affrontare la realtà del mio passato e del mio presente. Finalmente sono riuscita ad affrontare il buio. Il sostegno che ho ricevuto da mio marito e dai terapisti mi ha permesso di affrontare il dolore della mie parti rotte. Sebbene fossi ancora lontana dall'accettazione e dal perdono, avevo iniziato ad essere più aperta alle esperienze che illuminavano i miei problemi e più ricettiva degli indizi che apparivano intorno a me.

Superare l'enormità delle mie perdite infantili è stato un

passo importante. Avevo quasi cinquant'anni quando ho fatto il seguente sogno:

Ero seduta al gate di un grande aeroporto, in attesa di imbarcarmi su un volo per Varsavia. Si stava facendo molto tardi e non vedevo la mia destinazione sul tabellone delle partenze. Decidevo di indagare, ma prima dovevo fare una sosta nel bagno delle donne. Poi controllai le informazioni sul volo e scoprì che stavo aspettando al gate sbagliato. Arrivata finalmente a quello giusto, il volo era già in fase di imbarco. Dovevo fornire il biglietto e il documento d'identità, ma scoprì che la mia borsa era scomparsa. Allora dovetti lasciare i miei bagagli vicino al gate, con l'assistente che mi esortava a fare in fretta, e tornare di corsa all'altro gate e al bagno delle donne, ma invano. Il portafoglio era sparito e con esso i miei biglietti, il passaporto e diverse centinaia di dollari per il viaggio. Avevo perso tutto e non potevo procedere con il viaggio.

Allora tornavo al gate triste e depressa, e informavo l'assistete di volo di quello che era successo. Era molto impegnata e mi diceva prima di sedermi e aspettare, in modo brusco e lamentandosi delle scartoffie, e poi che il mio bagaglio era già sull'aereo. "Ma non posso andare", gridavo io, e allora lei mi diceva che potevo andare a bordo, spiegandomi che la mia assicurazione copriva quel tipo di imprevisti. Si sarebbe sistemato tutto e avrei ricevuto trentamila dollari di rimborso.

Mi svegliai sbalordita. Un'attenta analisi del sogno, lungo un certo periodo di tempo, ha rivelato diverse gemme, ma il messaggio di base era chiaro: credevo di non poter continuare il mio viaggio perché avevo perso tutto, ma, in realtà, pur avendo perso tutto non avevo perso nulla (si noti il paradosso). In effetti, alla fine ho avuto molto, molto di più di quello che avevo perso in origine. È stato un sogno di grande potere che ho fatto più tardi nella vita, quando ero pronta ad ascoltare e accettare il suo messaggio.

TRENTADUE
PERDONO

QUANDO IL MIO figlio più giovane stava facendo il suo primo viaggio in Europa, da solo, il suo itinerario prevedeva il passaggio e una sosta in Germania. Facendo uscire fuori tutto il risentimento e l'odio che avevo imbottigliato, lo esortai a cambiare rotta ed evitare il Paese dei miei incubi. Mio figlio ha provato a ricordarmi di tutti i grandi musicisti e scrittori tedeschi, tra cui uno dei suoi poeti preferiti, Rainer Maria Rilke. Quando ho insistito con la mia condanna del Paese nella sua interezza, mi ha accusata di pregiudizio. Un colpo basso. Mi ero sempre vantata di non avere pregiudizi. Cercai di razionalizzare dicendomi che non era un vero pregiudizio, quanto piuttosto un giudizio equo. basato sulle atrocità che avevano commesso i tedeschi. Ma, come sottolineò mio figlio, questa era una nuova generazione ed era pregiudizievole ritenere i figli responsabili dei peccati dei padri. All'inizio ero molto arrabbiata. In seguito, riflettendo sulla sua posizione, iniziai a mettere in discussione il mio atteggiamento. Perdonare le atrocità naziste non sembrava possibile, ma fino a che punto avrei esteso il mio odio per i responsabili? Chi tra noi può o dovrebbe perdonare? E quando?

Qualche anno più tardi, ho incontrato il genero di due cari amici, che sono ebrei sia dal punto di vista etnico che dal punto di vista culturale. Il loro genero, che chiamerò Kurt, è tedesco, nato e cresciuto in Germania. Suo padre era stato un nazista, un membro delle famigerate SS. Uomo intelligente e sensibile, Kurt amava la moglie ebrea, con la quale è felicemente sposato da molti anni e hanno due figli. Trovavo impossibile disprezzare quell'uomo, o vederlo nel modo in cui avevo visto fino ad allora *tutti* i tedeschi. Incontrarlo e trovarlo una persona piacevole ha causato un cambiamento di paradigma nella mia coscienza. Sono stata costretta a considerare l'idea che non tutti i tedeschi fossero malvagi. Kurt esemplifica la nuova generazione di tedeschi che sono sconvolti dai crimini contro l'umanità commessi dai loro genitori. Portano con sé sensi di colpa e desiderio di espiazione. Molti si sono dedicati alla promozione della non violenza e al servizio delle cause per la pace. La Germania si è scusata direttamente con Israele e lo ha risarcito per i suoi crimini.

Nel 1951 il cancelliere della Germania dell'Ovest ha ammesso che: "... *crimini indicibili sono stati commessi in nome del popolo tedesco... Il governo federale è pronto, insieme ai rappresentanti del popolo ebreo e dello Stato di Israele... a trovare una soluzione al problema dell'indennizzo materiale, per aprire così la strada alla soluzione spirituale della sofferenza infinita*".

Il riconoscimento delle proprie azioni da parte dei responsabili, insieme alle scuse, sono considerati un prerequisito per il perdono e la riconciliazione. Ma non è sempre possibile e non sempre sono sufficienti. Per me il perdono è stato un ostacolo, come lo è per molti. Ho dovuto perdonare la violenza e le atrocità che ho sperimentato per la prima volta durante l'infanzia e che hanno continuato a perseguitarmi nel presente. Guerre ingiuste, genocidio, massacro degli innocenti, torture e umiliazioni di prigionieri indifesi violavano fortemente il mio senso di decenza e di giustizia. Perdonare i colpevoli è stato molto, molto difficile. Quasi impossibile.

Perdonare me stessa è stato ancora più difficile. A un livello profondo c'era sempre il senso di colpa del sopravvissuto. Perché proprio io? Perché sono sopravvissuta quando tanti altri sono morti? Ma, ancora più nel profondo, c'era il riconoscimento del mio lato oscuro. Anche nella mia immaginazione più sfrenata non potrei mai vedermi impegnata volontariamente negli atti di crudeltà orribili che mi hanno disgustata e inorridita, eppure, eppure... Grazie alla psicologia sono consapevole che nell'inconscio ci sono impulsi profondamente nascosti e parti oscure di cui non siamo consapevoli e che possono sorprenderci e sconvolgerci, quando si lasciano intravedere. E, ancora, studiando la natura umana ho appreso che, data la giusta serie di circostanze, siamo tutti capaci di compiere quasi qualsiasi tipo di atto. So che i mostri che hanno commesso questi crimini contro l'umanità erano e sono, di fatto, umani quanto me. Penso anche alla reincarnazione. Se ho vissuto prima d'ora, è possibile che anch'io abbia commesso azioni terribili?

Hannah Arendt, filosofa brillante, ha capito prima di molti che il male più grande non è perpetrato da grandi personalità malvagie, ma piuttosto dalla persona media, comune, ordinaria. L'indifferenza, l'autoindulgenza e l'autoinganno portano all'amoralità che rende possibili atrocità e grandi crimini. Ecco una delle numerose versioni del famoso discorso del pastore luterano Martin Niemöller:

> *In Germania, prima vennero a prendere i comunisti, e io*
> *non dissi niente, perché non ero comunista;*
> *E poi vennero per i sindacalisti, e io non dissi niente*
> *perché non ero un sindacalista;*
> *Poi vennero a prendere gli ebrei, e io non dissi niente*
> *perché non ero ebreo;*
> *E poi... vennero a prendere me... E a quel punto non era*
> *rimasto nessuno a protestare.*

Come Hannah Arendt diversi anni più tardi, Niemöller aveva capito presto che la renitenza alla difesa degli altri si traduce in una complicità silenziosa e che il male, una volta scatenato sugli altri, alla fine raggiungerà anche coloro che rimangono neutrali. A me è occorso molto tempo, ci sono voluti molti anni per riuscire a capirlo.

Poiché non riuscivo a perdonare la Germania e la Russia sovietica per le atrocità della Seconda Guerra Mondiale, cominciai a riflettere sulle atrocità perpetrate dal Paese che ora chiamo la mia casa, gli Stati Uniti. A partire dal genocidio dei nativi americani e dall'uccisione di 250.000 filippini innocenti, per poi arrivare alle vittime vietnamite di quella che chiamano la "guerra americana", stimate tra uno e tre milioni, e agli oltre 100.000 di civili vittime della violenza in Iraq. Sono solo alcune delle catastrofi di cui noi, come paese, siamo direttamente o indirettamente responsabili. Cosa dire, allora delle atrocità che abbiamo commesso noi? E dei massacri di innocenti come quello di Mỹ Lai? Che dire delle torture e del degrado in posti come ad Abu Graib, Guantanamo e i molti altri luoghi di estradizione di cui il pubblico non ha mai sentito parlare? Non dovremmo chiedere perdono anche noi? Non siamo innocenti. Anche noi abbiamo le mani sporche di sangue.

In *Ultimate Prizes*, un romanzo di Susan Howatch, un personaggio riflette così su se stesso:

> "...Un brav'uomo? All'apparenza, forse. Ma dentro? Quando ho iniziato a vedermi come una brava persona capace di azioni malvagie, mi sono reso conto che i campi di concentramento erano solo una manifestazione su vasta scala del disordine che ha il potere di paralizzare ogni anima umana. Tutto è uno. Il male è una realtà sempre presente... "

Questa nozione di unità degli opposti si riflette nel concetto cinese di Yin e Yang. La luce contiene l'oscurità e l'oscurità contiene la luce. È un tutt'uno. È un concetto che incontrato molto chiaramente nel mio studio di Jung. Tutti gli opposti, inclusi il bene e il male, sono i due poli estremi di un continuum. Due poli che, spinti all'estremo, si convertono nel loro opposto. Questo è il problema dell'enantiodromia, un concetto che Jung aveva adottato dal filosofo greco presocratico Eraclito. Jung la descriveva come *"... una legge psicologica che è sempre valida negli affari personali... una legge fondamentale della vita – enantiodromia, ovvero la conversione nell'opposto"* e *"...la trasformazione di ciò che fino ad un certo punto era reputato pieno di valore in qualcosa che non vale nulla, del bene nel male"*. Un pensiero perturbante, che mette in tensione le nostre menti che pensano in maniera lineare, abituate al pensiero dualistico in bianco e nero.

Ma è possibile anche il contrario. Il male può essere convertito in bene. Le perdite e i traumi che ho vissuto nei miei primi anni di vita mi hanno lasciata alle prese con conseguenze dolorose. Mi hanno anche insegnato la lezione della non-permanenza e il valore del non-attaccamento. Il trucco era trovare l'equilibrio e non finire per non formare alcun attaccamento. Anche se per molto tempo ero rimasta legata alla mia patria perduta, ad un certo punto sono stata finalmente in grado di lasciare andare il passato. Ed è stato allora che sono stata in grado di abbracciare una nuova realtà. Non avendo un paese mio, non essendo veramente cittadina di alcun luogo, potevo appartenere a qualsiasi luogo: perché, come dice il titolo del libro del mio amico John Huddleston, *The World is One Country* (*Il mondo è un unico Paese*). Questo modo di pensare e sperimentare il mondo è inclusivo piuttosto che esclusivo. In ultima analisi, forse lo scopo della mia sofferenza era imparare ad amare in modo inclusivo e libero.

"Se persegui la verità abbastanza a lungo, finisci sempre nella terra del paradosso. Raggiungi un punto in cui la verità apparente si divide in due verità opposte, e poi devi cercare di andare oltre per cogliere la verità ultima, la loro sintesi"

SUSAN HOWATCH, *ULTIMATE PRIZES*.

Si tratta di idee difficili da contemplare, e ancora di più da accettare e incorporare nella nostra filosofia di vita. È facile vedere il bene dentro di noi e dentro coloro che amiamo. È molto difficile riconoscere e ammettere che in ognuno di noi si nasconde anche il male. Eppure, se questo è vero, non dovremmo forse perdonare gli altri e anche noi stessi? Per quanto difficile, il perdono è fondamentale per la guarigione e talvolta anche per la sopravvivenza. Il perdono non è un'emozione; è una decisione, è una scelta.

I Shall Not Hate: A Gaza Doctor's Journey, del medico palestinese Izzeldin Abuelaish, è una magnifica raccolta di memorie sul perdono. Dopo aver perso la moglie a causa della leucemia, una bomba israeliana ha fatto esplodere la sua casa e ha ucciso tre delle sue figlie e una nipote. Un'altra figlia è rimasta gravemente ferita. Il dottor Abuelaish è profondamente addolorato per la morte delle sue figlie e pieno di rabbia per l'ingiustizia, ma si rifiuta di chiedere vendetta o di sprofondare nell'odio. Il suo appello è per la pace e la cooperazione, per la comprensione e l'accettazione, e spera che le sue figlie siano *"l'ultimo sacrificio sulla strada della pace tra palestinesi e israeliani"*. Scrive quanto segue:

> *"Quali israeliani dovrei odiare... i bambini israeliani innocenti che aiuto a portare nel mondo? I colleghi con cui ho prestato servizio negli ospedali in Israele? Non credo proprio."*

E prosegue:

> *"Non odierò. Porterò gratitudine. Continuerò a lavorare. Porterò speranza. Curerò i sopravvissuti. Le mie azioni promuoveranno la giustizia."*

In quest'ultima citazione, il dottor Abuelaish mette in luce un modello per la guarigione del trauma. Perdona, lascia andare un passato che non può essere cambiato, muoviti con intento positivo verso il futuro. Per lui ciò significa lavorare per gli altri (*curerò i sopravvissuti*) e dedicarsi a una causa più grande di lui (*promuovere la giustizia*). La giustizia, qui, si riferisce alla pace tra israeliani e palestinesi.

La sua capacità di perdonare e andare avanti consente a lui e ai suoi restanti figli di sopravvivere alle terribili perdite che hanno subìto. Poiché non è vincolato dall'odio, dal bisogno di vendetta o dal ruolo di vittima, sarà in grado di agire in maniera efficace e dare un contributo positivo all'umanità. E poiché sta educando i suoi giovani figli a non odiare, anche loro saranno in grado di trascendere il trauma e condurre le vite autentiche che sono da sempre destinati ad avere.

Dobbiamo lasciar andare l'impulso di vendicarci per l'ingiustizia e il dolore che abbiamo sofferto. Dobbiamo cercare attivamente di perdonare e di agire in un modo che ci permetta di guarire e trascendere il trauma.

A volte siamo noi stessi che non riusciamo a perdonare. In *The Tennis Partner*, un'importante autobiografia su un'amicizia sfortunata, Abraham Verghese scrive del percorso che porta il suo amico alla distruzione:

> *"La mia fuga dal sentiero oscuro è **arrivata grazie al sostegno degli altri**... Per **lui, il sentiero oscuro e il dolore hanno creato isolamento**, e ben presto è diventato un'isola a sé stante, un prigioniero in una cella solitaria che si è costruito con le sue stesse mani."*

Il problema fu il ritirarsi nell'isolamento e il rifiuto o l'incapacità di rispondere ai molti sforzi con cui gli altri cercavano di sostenerlo ed esprimere preoccupazione e amore. Un tennista di talento dalla personalità carismatica, peraltro brillante studente di medicina con un futuro luminoso, non è riuscito a perdonarsi qualche fallimento, qualche imperfezione, e quindi non ha potuto accettare o amare se stesso; né ha potuto accettare il perdono e l'amore curativo degli altri. È rimasto uno straniero, un estraneo rinchiuso nella solitudine della sua cella interiore. Non è stato in grado di affrontare il dolore e così è vissuto nella terra desolata di un'esistenza non autentica, che poteva portare solo alla disperazione e alla distruzione. Abbiamo tutti bisogno del sostegno di amici e persone care, nonché della guida di insegnanti saggi. Non possiamo farcela da soli.

Come accade per gli individui, anche per le nazioni colpite da traumi, quando non riescono a perdonare e trovare un modo per muoversi nel futuro e lasciarsi alle spalle il passato, la rabbia, l'odio e la rivivenza infinita del trauma distorcono l'anima e il carattere. Diverse generazioni di ebrei sono state colpite dal PTSD derivante dall'Olocausto e non sono state in grado di superarlo. Dimorano nel passato, alimentano sentimenti di vittimismo e, davanti al timore che possa accadere di nuovo, vivono nell'illusione che l'unica cosa che potrebbe proteggerli in futuro sia uno stato di Israele forte e che appartenga solo a loro. Per garantire l'esistenza e il potere di Israele, molti hanno sanzionato o almeno tollerato atti di terrore, brutalità e tortura contro i palestinesi.

Israele si è trasformato, nelle parole di Avraham Burg, "*Da una società che aspirava a realizzare i sogni dei suoi fondatori a una nazione perseguitata e ipocrita; facilmente spaventata, vendicativa e prepotente*".

Si è voluto appropriare del genocidio della Seconda Guerra Mondiale; rifiuta di riconoscere gli altri milioni di persone che in quel conflitto hanno subito una morte brutale e tormentata; rifiuta di riconoscere i genocidi di altri popoli considerandoli mali minori rispetto al proprio; e così si è isolato da una partecipazione più ampia alla vita e alla guarigione del mondo. È particolarmente tragico perché proprio gli ebrei, avendo subìto un trauma di questo calibro, sono nella posizione migliore per portare la luce della guarigione in un mondo che ne ha così disperatamente bisogno. Ma ciò non potrà accadere finché si terranno nelle tenebre della Shoah.

Avraham Burg è un rinomato politico israeliano, figlio di sopravvissuti dell'Olocausto, che ha trascorso tutta la sua vita nella sua amata patria. Ad un certo punto, si è reso conto che

Israele aveva intrapreso una strada sbagliata e si è dedicato alla causa poco popolare di portare quella consapevolezza ai suoi connazionali perché potesse verificarsi un cambiamento radicale. Ha scritto un libro controverso, intitolato: *L'Olocausto è finito; Dobbiamo risorgere dalle sue ceneri*. Secondo una recensione con cui mi trovo molto d'accordo, si tratta di un libro importante, scritto da un uomo coraggioso. Io sono una cristiana polacca sposata con un ebreo americano e il trauma dell'Olocausto mi ha colpita profondamente e sotto diversi punti di vista. Questo libro mi ha cambiato la vita.

Ai figli di Israele non viene insegnato che l'Olocausto è stato subìto da milioni di persone di varie origini etniche e religiose. Non sanno, o non trovano rilevante, che durante la guerra, oltre a sei milioni di ebrei, sono stati uccisi anche sei milioni di polacchi. E, sembrano completamente inconsapevoli del fatto che quasi il 50% della popolazione di Auschwitz, dal 1940 al 1944, fosse composta da non ebrei.

Burg parla di una giovane ragazza israeliana che durante una visita in Polonia e nei campi di sterminio aveva scritto nel suo diario: "*Stavo piangendo e ho visto un gruppo di giovani provenienti dall'estero. Non mi sembravano ebrei. Cosa ci facevano lì? Perché stanno profanando il sacro? La sera, quando ci siamo seduti e abbiamo riassunto gli eventi della giornata... Ho detto che dovrebbero rimanere alla larga dal nostro Auschwitz... Gli altri erano d'accordo.*

Se a quei bambini fosse stata insegnata la storia, non avrebbero pensato che il dolore e la perdita vissuti dagli altri stessero profanando il "loro" Auschwitz. Ancora più preoccupante, tuttavia, è il rifiuto emotivo e psicologico dell'altro e l'isolamento della vittima. Invece di entrare in empatia con tutti coloro che hanno sofferto l'Olocausto, quella ragazza negava l'agonia degli altri e rifiutava loro il diritto di piangere i loro morti perché il suo trauma ebraico era stato grande al punto da oscurare quello degli altri. Affermare l'Olocausto come unicamente ebraico e negare che anche altri popoli abbiano subìto genocidi, o diminuire la loro esperienza e il loro trauma, isola gli ebrei dal resto dell'umanità. Sono così presi dal proprio dolore per il passato che non riescono a riconoscere e rispondere con empatia al trauma degli altri.

Un giornalista israeliano dello *Yediot Aharonot*, il più autorevole quotidiano israeliano, ha scritto, citando un importante leader ebraico negli Stati Uniti:

> *"Una giornata per commemorare gli armeni porterà alla comparsa di altri giorni di commemorazione per i nativi americani, i vietnamiti, gli irlandesi o qualsiasi altro popolo. Danneggerà l'importanza del Giorno della Shoah".*

Il rabbino Michael Lerner, che ha dedicato la sua vita alla risoluzione del conflitto israelo-palestinese, a proposito del ruolo del trauma e della sua importanza fondamentale nella risoluzione dei conflitti ha scritto:

> *"Traumi enormi hanno limitato la capacità degli israeliani e dei palestinesi di vedere ciò che è nel loro interesse e agire di conseguenza. Per quelli tra noi che hanno veramente a cuore il benessere di entrambe le parti, o anche di una sola, il compito è quello di guarire il trauma."*

Come ho spiegato in precedenza in questo libro, il trauma non guarito porta con sé sintomi di estrema cautela e diffidenza, un'iper-vigilanza che è al limite e a volte sconfina nella paranoia. Burg descrive vividamente lo stato mentale di Israele:

> *"Per noi ogni uccisione è un omicidio, ogni omicidio un pogrom, ogni attacco terroristico un atto antisemita e ogni nuovo nemico un Hitler. Dietro ogni pericolo si nasconde un nuovo olocausto. Noi, e molti dei leader che ci incitano, crediamo che quasi tutti vogliano distruggerci. A forza di sentirci così minacciati dalle ombre che ci attaccheranno all'alba, siamo diventati una nazione di aggressori. Ci sentiamo bene in questa oscurità, poiché ci siamo abituati a essa".*

La mentalità dello "stato di assedio" è il risultato di un'alienazione e di un isolamento autoimposti. Burg attribuisce correttamente la situazione e il comportamento di Israele a traumi non guariti:

"Invece di sfruttare la nuova forza d'animo ebraica moderna per riparare il mondo e opporsi alle sue ingiustizie, troviamo fin troppi ebrei ossessionati dai traumi del passato. Non riescono a cambiare e adattarsi, allo stesso modo in cui una nave nell'oceano non riesce a fermarsi completamente in meno di alcune miglia. Gli ebrei della diaspora, compresi molti dei loro rappresentanti, scelgono la parte dell'autorità e diventano complici nelle ingiustizie e nelle insensibilità del mondo".

Spiega poi il percorso della guarigione: dobbiamo lasciarci il passato alle spalle e assumerci le responsabilità del presente: "riparazione, redenzione, restauro e ricostruzione delle rovine". Ciò significa andare avanti verso un futuro di speranza e libertà piuttosto che rimanere bloccati nelle catene della disperazione passata. La sicurezza, per Israele, non verrà dalla costruzione di recinti per tenere fuori gli altri, ma dall'apertura delle sue porte e dei suoi cuori agli altri (lo straniero) e nell'abbraccio dell'amore fraterno. È solo allora che Israele diverrà veramente parte della fratellanza delle nazioni, non come vittima paranoica delle atrocità passate, ma come partner alla pari degno di rispetto e sostegno.

"Israele deve lasciare Auschwitz, perché Auschwitz è una prigione mentale. La vita all'interno del campo è sopravvivenza intrisa di sensi di colpa e vittimologia; la vita fuori dal campo è di allarme costante. Auschwitz e i suoi camini sono fari che ci guidano verso una vita morale e umanistica migliore, non un punto in cui tutte le navi delle nostre vite devono arrivare a schiantarsi. Credo con tutto il cuore che quando Israele si libererà dalla sua ossessione per la Shoah e la sua esclusività, l'intero mondo sarà molto più libero."

"L'eredità ebraica più importante sta nell'assumersi la

responsabilità della riparazione, della redenzione, del restauro e della ricostruzione delle rovine".

Burg ci lascia con la speranza di un futuro migliore, se riusciamo a guarire e a lasciarci il passato alle spalle.

"Ci stiamo avvicinando rapidamente a un bivio davanti al quale dobbiamo decidere chi siamo e dove stiamo andando. Stiamo andando verso il passato, verso il quale ci siamo sempre orientati fino a ora, o sceglieremo, per la prima volta dopo diverse generazioni, il futuro? Sceglieremo un mondo migliore che si basi sulla speranza invece che sul trauma? E sulla fiducia nell'umanità invece che sull'isolazionismo sospetto e la paranoia? In questo caso dovremo lasciarci alle spalle il nostro dolore e guardare avanti, per scoprire dove possiamo riparare noi stessi e, forse, il mondo intero."

TRENTATRÉ
APRIRE IL CUORE: RICONCILIAZIONE

La GUARIGIONE DEVE ESSERE radicale e complessa in proporzione al danno e al dolore. In un mondo come il nostro, qualsiasi valutazione realistica di ciò che significa guarigione completa e a lungo termine deve tenere in considerazione processi costosi e rischiosi. Gli "interventi clinici" hanno il loro posto, ma si occupano di una gamma di problemi molto limitata.

> *"Se fosse possibile affrontare il male e la sofferenza profonda utilizzando formule, tecniche e la mentalità del problem solving, allora la nostra civiltà sarebbe stata in grado di fare progressi nell'affrontare la guerra, la povertà, il debito, la violenza, la dipendenza, la rottura della famiglia, l'ingiustizia e una moltitudine degli altri mali e miserie che riempiono i media."*

LA FORMA DEL VIVENTE, DAVID F. FORD

Questo mi porta alla parte finale, cruciale e forse più difficile del viaggio: l'accettazione e l'apertura del cuore agli altri. Senza un cuore aperto non ci può essere scambio di amore rigenerante. Con il cuore chiuso non si può dare o ricevere amore. Il concetto di ospitalità radicale, inclusività e accettazione è la chiave per la guarigione delle nostre ferite. Come suggerisce Burg, per guarire e realizzarsi come forza positiva nel mondo, Israele deve liberarsi della sua esclusività e dell'isolazionismo e sposare invece l'inclusività e l'accettazione del resto dell'umanità. Questo vale anche per gli individui. Il tennista incapace di aprire il suo cuore è rimasto in isolamento ed è morto in isolamento, senza contribuire al mondo con nessuno dei suoi tanti doni preziosi.

Sono stati molti i fattori che hanno contribuito alla mia capacità di lasciare andare il dolore esclusivo e aprire il mio cuore per abbracciare gli altri.

Nel mio viaggio di guarigione ho imparato che lo scopo della mia sofferenza era stato quello di apprendere le lezioni necessarie a farmi diventare pienamente ciò che dovevo essere: un essere veramente amorevole. Avevo bisogno di imparare ad amare in maniera non esclusiva. Questa bella preghiera attribuita a San Francesco è stata molto importante per me:

> *Oh! Maestro, fa che io non cerchi tanto:*
> *Di essere consolato, quanto di consolare.*
> *Di essere compreso, quanto di comprendere.*
> *Di essere amato, quanto di amare*
> *Poiché è dando, che si riceve;*

Questa preghiera ha parlato al mio cuore e mi ha aiutata a capire, alla fine, che la questione non riguardava affatto soltanto me, quanto piuttosto tutti gli altri, il prossimo. Aprire il cuore per abbracciare l'"Altro" porta a riconciliarci non solo con coloro che ci hanno ferito, ma anche, in modo significativo, con il nostro io interiore. Ci rende liberi di trovare noi stessi e dedicarci al nostro scopo più vero e profondo, a un obiettivo più grande di noi stessi.

TRENTAQUATTRO
DEDIZIONE A UN OBIETTIVO PIÙ ALTO

"Ma ciò che si desidera è un obiettivo degno a cui l'individuo possa dedicare tutte le sue energie, qualcosa che afferrerà e sarà fonte di unione e ispirazione; solo quando potrà vedere e occupare se stesso in relazione a un unico grande scopo troverà pace e potere."

CHARLES E. RAVEN, *"LO SPIRITO CREATORE"*

QUESTO "OBIETTIVO DEGNO" sarà diverso per ciascuno. Ognuno ha il proprio scopo e destino unico. Per me, realizzare lo scopo della mia vita significava mettersi al servizio degli altri. Quello era il modo in cui potevo dedicarmi a un obiettivo più grande di me. Per qualcun altro può essere la musica, l'arte, una causa degna, una relazione o qualcos'altro. Ciò che conta è scoprire il percorso più autentico per noi. Percorrere la strada di qualcun altro porta alla tragedia di una vita inautentica e insoddisfatta.

L'alchimia è il processo di trasformazione di un metallo di base in oro. Il lungo e doloroso processo di guarigione del trauma è di natura alchemica in quanto trasforma la persona che persevera fino alla fine del viaggio. Ha trasformato la mia vita.

Nella mia infanzia ho vissuto il caos e la conflagrazione della guerra. Il mio mondo è stato ridotto in cenere. Ho vissuto la mia infanzia e adolescenza in un paesaggio devastato dal fuoco, pieno di sogni bruciati e delle ceneri di un futuro abortito. Durante la prima parte della mia vita adulta ho cercato di ricostruire partendo da un castello fatato sopra le ceneri. Ma le ceneri non sono una base solida su cui costruire, e il castello è crollato.

Un incendio di dimensioni epiche lascia sempre dietro di sé distruzione. Tuttavia, col tempo, la natura ritorna sempre. La terra guarisce, alberi e piante ricrescono. Gli alberi che sono sopravvissuti alla distruzione, dopo lo shock iniziale, diventano più forti. Le ceneri vengono assorbite nella terra e nutrono il terreno. La terra è la chiave. Il terreno è il fondamento da cui può scaturire una crescita sana.

Ho lavorato sodo per tutta la vita, scavando nel terreno del mio essere interiore e cercando di ricostruire le fondamenta solide che erano state distrutte durante la mia infanzia. Tutto quel lavoro mi ha preparata per la svolta psichica, per quando sono stata finalmente in grado di lasciar andare il trauma e il dolore per muovermi verso la guarigione. Per me il fondamento del mio essere, la solida base su cui posso costruire con sicurezza, è stato Dio.

Per altre persone può essere la famiglia, la casa, la società, il lavoro. Il problema di queste fondamenta è che sono temporanee. Si possono perdere. L'unica cosa da cui possiamo dipendere sempre è ciò che è permanente dentro di noi. Tutti abbiamo bisogno di trovare delle fondamenta al nostro interno per poter avere la sicurezza di cui abbiamo bisogno e per correre i rischi necessari nel perseguimento del nostro viaggio più autentico attraverso la vita. Una volta stabilite le nostre fondamenta, possiamo quindi procedere a indagare chi siamo, scoprire il nostro vero io, e infine il nostro scopo/i nostri obiettivi nella vita.

Ciò significa che ora sono sempre felice e contenta, e che porto sempre luce e amore a tutto ciò che mi circonda? No.

Rimango un essere umano imperfetto che si impegna consapevolmente per andare avanti sul sentiero della trasformazione e della guarigione. Ma, poiché mi sono liberata della maggior parte delle mie catene, sono in grado di andare avanti invece di correre in cerchio. Vedo chiaramente il percorso che ho davanti. Il mio fardello non è leggero, ma è molto, molto più leggero di prima. Ho ancora molto lavoro da fare, ma sono sicura che avrò le risorse necessarie per farlo. Sono più felice e contenta che mai.

Credo che attraverso la trasformazione e la guarigione di noi stessi, possiamo trasformare e guarire anche i traumi del nostro mondo e pianeta. Ci troviamo di fronte a un futuro pieno di un'oscurità che minaccia di avvolgere il mondo intero e persino di spazzare via la vita per come la conosciamo. Nonostante il pericolo molto reale e la minaccia di distruzione, io credo che, nelle parole di Chris Hedges, l'amore resisterà.

"Il potere dell'amore è più grande del potere della morte. Non può essere controllato. Si tratta di sacrificio per l'altro e non di sfruttamento, una cosa che quasi tutti i genitori comprendono. Si tratta di onorare il sacro. Le élite di potere hanno provato per millenni a schiacciare la forza dell'amore e non hanno mai avuto successo. Cieco e muto, indifferente ai richiami di sirena della fama, incapace di piegarsi davanti alle illusioni e sfidando la brama di potere, l'amore si solleva costantemente per ricordare a una società fuori rotta la differenza tra ciò che è reale e ciò che è non lo è. L'amore resisterà anche quando sembrerà che l'oscurità ci abbia inghiottito tutti, per trionfare sulle rovine ancora in piedi."

- HEDGES, *EMPIRE OF ILLUSION*.

PARTE CINQUE
POSTFAZIONE

Questo libro è la storia del mio viaggio alla ricerca della guarigione. Prima o poi, in una forma o nell'altra, tutti coloro che sono impegnati nel cammino della vita dovranno affrontare la sofferenza. Come disse il Buddha, tutta la vita è sofferenza. Quello che conta è il modo in cui l'affrontiamo ed emergiamo dall'altra parte: arricchiti piuttosto che impoveriti dall'esperienza. La sofferenza è una parte inevitabile della vita.

Ho delineato le fasi che ho trovato essenziali per il processo di guarigione. Al primo posto c'è sempre affrontare il dolore: affrontarlo nella realtà della sua natura. La negazione del proprio dolore porta a una vita radicata nell'irrealtà. Porta anche a una mancanza di empatia, al rigetto della sofferenza degli altri. Segue l'arduo processo del voltare la pagina, che necessita della comprensione e dell'empatia, della capacità di mettere in relazione la propria sofferenza con quella degli altri, e che poi ci aprirà alla compassione e al perdono. Significa anche darsi un nuovo orientamento. Passare dal guardarsi indietro, soffermandosi sul passato immutabile, al guardare avanti verso il futuro, che è nostro da forgiare. Significa impegnarsi per quel futuro. Si tratta di scoprire chi siamo veramente e qual è lo scopo della nostra vita: cos' è che le dà significato. La comprensione porta al perdono, il perdono apre il cuore all'amore e ci permette di trovare quella meta più alta, degna del nostro impegno e della nostra dedizione.

Ognuno ha il proprio percorso, il proprio destino. Ognuno ha i propri talenti, che può usare per arricchire la propria vita e quella degli altri. Se non scopriamo il progetto che caratterizza la nostra vita, finché viviamo il sogno di qualcun altro invece del nostro, siamo condannati a un'esistenza insoddisfatta e inautentica.

I dettagli sono diversi per ogni individuo. Ad esempio, io ho il dono di riuscire a connettere con le persone perse nella loro sofferenza e la capacità di aiutarle a uscire dalla loro terra desolata. Sono eternamente grata per questo dono. Usarlo a beneficio degli altri mi dà un grande senso di appagamento. Un'altra persona può trovare soddisfazione nel creare arte o musica. Un'altra nel combattere per la giustizia o nel proteggere i deboli, nel dare cibo ai poveri o nel creare posti di lavoro. La lista non ha fine.

Il Buddha ha detto anche che la sofferenza è causata dall'attaccamento. Le molte perdite dolorose che ho sperimentato nella mia vita mi hanno permesso di capire la verità di quell'affermazione. Le stesse perdite mi hanno anche insegnato che tutto nella vita è transitorio e impermanente; tutto è suscettibile al cambiamento e alla scomparsa. La prima risposta naturale a uno scenario così spaventoso è stata, per me, una chiusura del cuore e delle emozioni che non ha fatto altro che aumentare il dolore della mancanza di sicurezza e della solitudine. Mi ci sono voluti molti anni per scoprire il segreto della guarigione. Il segreto è l'ospitalità radicale: tenere il cuore aperto a tutto. Un concetto difficile da afferrare, e ancora di più da accettare e implementare, eppure è fondamentale. È espresso magnificamente in una poesia di William Blake:

"Chi lega a sé una gioia,
Distrugge la vita alata.
Ma chi bacia la gioia in volo
Vive nell'alba dell'eternità."

Un'ultima osservazione.

Come affermo in questo libro, per me è Dio la base del mio essere. Non tutti giungeranno o dovranno giungere a una conclusione simile. Ma per diventare interi, ognuno deve trovare il terreno del proprio essere, un centro che possa sorreggerlo. Questo libro è stato scritto per tutti coloro che soffrono di traumi non guariti. L'ho scritto nella speranza di fornire alcune indicazioni per i viaggiatori che faticano sul difficile percorso verso la guarigione. Se fornirà speranza e aiuto anche a un solo lettore, avrà raggiunto il suo scopo e mi avrà dato gioia e soddisfazione.

Caro lettore,

Speriamo che leggere *Figlia della Guerra* ti sia piaciuto. Per favore, prenditi un attimo per lasciare una recensione, anche breve. La tua opinione è molto importante.

Saluti

Ewa Reid-Hammer e il team Next Chapter

L'AUTRICE

Ewa Reid-Hammer è nata nella Polonia occupata dai nazisti in piena Seconda guerra mondiale. Dopo la guerra, insieme alle due sorelle più giovani, riuscì a fuggire dalla Polonia sovietica per raggiungere i genitori in America. Da bambina ha subito il trauma dalla guerra. Durante gli anni del suo sviluppo ha subito le conseguenze del trauma irrisolto dei suoi genitori, della famiglia allargata e degli amici. Si è laureata presso l'Università di Montreal con una specializzazione in studi slavi e dell'Europa orientale; ha lavorato per diversi anni per il Dipartimento dei servizi sociali e ha conseguito la laurea in psicoterapia e consulenza psicologica presso l'Università di Norwich. Dopo essersi ritirata dalla pratica privata, è diventata direttrice e amministratrice delegata di un piccolo college privato di medicina orientale a Gainesville, in Florida. Attualmente risiede con suo marito e il gatto Rumi a Sarasota, in Florida. Il suo prossimo progetto è il secondo libro della serie di gialli "Mountainside Mysteries", pubblicato sotto lo pseudonimo di Chris Hunter.

Figlia della Guerra
ISBN: 978-4-82419-830-3
Edizione tascabile standard

Pubblicato da
Next Chapter
2-5-6 SANNO
SANNO BRIDGE
143-0023 Ota-Ku, Tokyo
+818035793528

25 settembre 2024

Milton Keynes UK
Ingram Content Group UK Ltd.
UKHW030155051224
452010UK00010B/442

9 784824 198303